地理学评论

（第二辑）

——第五届人文地理学沙龙纪实

周尚意　刘卫东　柴彦威　主编

商务印书馆
2010年·北京

图书在版编目(CIP)数据

地理学评论. 第二辑,第五届人文地理学沙龙纪实/周尚意等主编.—北京:商务印书馆,2010
ISBN 978-7-100-07377-6

Ⅰ. 地… Ⅱ. ①周… ②刘… ③柴… Ⅲ. ①地理学—文集 ②人文地理学—文集　Ⅳ. ①K90-53 ②K901-53

中国版本图书馆 CIP 数据核字(2010)第 184326 号

所有权利保留。
未经许可,不得以任何方式使用。

地理学评论(第二辑)
——第五届人文地理学沙龙纪实
周尚意　刘卫东　柴彦威　主编

商 务 印 书 馆 出 版
(北京王府井大街36号　邮政编码 100710)
商 务 印 书 馆 发 行
北京瑞古冠中印刷厂印刷
ISBN 978-7-100-07377-6

2010年11月第1版　　开本 787×1092　1/16
2010年11月北京第1次印刷　印张 11¼
定价:33.00元

致　　谢

"第五届人文地理学沙龙"的举办及本刊的出版,得到了科技部科技基础性工作专项"地理学方法研究"之课题三(城市与社会文化地理学方法研究,2007FY140800-3)和课题二(经济地理学方法研究,2007FY140800-2)的支持。特此表示感谢!

第五届人文地理学沙龙

2009 年 12 月 26—27 日

承办单位：北京师范大学地理与遥感科学学院
　　　　　东北师范大学城市与环境学院
支持单位：国家自然科学基金委员会
　　　　　中国地理学会
协办单位：中国科学院地理科学与资源研究所
　　　　　北京大学城市与环境学院

目 录

前言
开幕式致辞
 抓住机遇,使人文—经济地理学更上一个新台阶 ················ 陆大道（2）
 哲学与地理学 ·· 韩　震（8）
 地理学与其他学科的互动 ······································· 蔡运龙（12）

第一部分　历史学与地理学 ······································ （1）
 明清之际韩江流域社会动乱与聚落形态的转变 ·················· 陈春声（3）
 珠江三角洲聚落空间的历史社会学分析 ·························· 刘志伟（14）
 莆田平原的聚落形态与仪式联盟 ································ 郑振满（25）
 历史时期西辽河流域聚落与环境 ································ 韩茂莉（38）
 自由发言 ·· （43）

第二部分　经济学与经济地理学 ································· （47）
 中国的城市化与"三农"问题的经济学思考 ······················ 沈　越（49）
 中国产业集聚的趋势与决定因素 ································ 路江涌（55）
 产业集群的地理学研究 ·· 王缉慈（59）
 新农村建设的地理学思考 ······································ 刘彦随（64）
 特邀评论 ·· （70）
 自由发言 ·· （73）

第三部分　社会学与城市地理学 ································· （77）
 地理学在社会政策研究领域中的含义和应用 ······················ 熊跃根（79）
 基于地理思维的人口研究及其在城市规划中的应用 ················ 冯　健（85）
 论城市人口容量的存在性与方法论 ······························ 丁金宏（92）
 "区位获得模型"在城市居住空间形成过程分析中的应用 ············ 李丽梅（97）

城市社区研究中的社会学思维与方法⋯⋯⋯⋯⋯⋯⋯⋯⋯⋯⋯⋯⋯⋯李志刚（101）
特邀评论⋯⋯⋯⋯⋯⋯⋯⋯⋯⋯⋯⋯⋯⋯⋯⋯⋯⋯⋯⋯⋯⋯⋯⋯⋯⋯⋯⋯⋯（107）
自由发言⋯⋯⋯⋯⋯⋯⋯⋯⋯⋯⋯⋯⋯⋯⋯⋯⋯⋯⋯⋯⋯⋯⋯⋯⋯⋯⋯⋯⋯（111）

圆桌会议⋯⋯⋯⋯⋯⋯⋯⋯⋯⋯⋯⋯⋯⋯⋯⋯⋯⋯⋯⋯⋯⋯⋯⋯⋯（113）

第五届人文地理学沙龙参加人员名单⋯⋯⋯⋯⋯⋯⋯⋯⋯⋯⋯⋯⋯⋯（144）

前　言

《地理学评论》(第二辑)为第五届人文地理学沙龙纪实。2008年第四届人文地理学沙龙期间,多家地理学教学与研究单位积极准备承办第五届人文地理学沙龙,最后大家协商确定由东北师范大学承办。由于某些原因,东北师范大学无法于2009年举办此届沙龙。这样,北京师范大学地理与遥感科学学院便同东北师范大学城市与环境学院协商,一起承办第五届沙龙。

本届沙龙的议题为"地理学思想与方法在其他人文社会科学中的应用"。这个议题首先来自国家自然科学基金委员会地学部的宋长青主任。2007年10月,中国科协举办了一次会议[①],主题为"我国科技发展的文化基础"。与会的30多位学者、科技管理者就文化对科技发展的影响发表观点、展开研讨。在那次会议上,宋长青提出一个观点:一个学科独立存在的意义之一,是要为其他学科提供学术营养或研究方法。[②] 本届沙龙的组织者刘卫东、柴彦威、周尚意等参加了那次会议。因此,大家一直希望找一个机会,邀请其他学科的学者介绍他们如何运用地理学思想和方法。其次,本次沙龙的议题来自科技部"地理学研究方法"(2007FY140800)课题的研究需要。该课题已经进行了两年,本届沙龙的组织者们也是该课题人文—经济地理学部分的负责人,为了避免"身在此山中,不识庐山貌",课题组的成员们亟需其他学科的学者站在地理学研究群体之外,梳理地理学的方法。通过聆听他们的分析,地理学学者将了解地理学思想及研究方法在其他学科中的应用程度。

学科间对话的意义

1998年,时任商务印书馆地理编辑室主任的李平先生邀请了国内多位人文社会科学领域的著名专家到商务印书馆与地理学家们一道讨论地理学的发展。那次会议是地理学与其他学科间的一次重要对话。参加会议的地理学者有蔡运龙、唐晓峰、吴必虎、周尚意、李栓科等;其他学科的专家、学者有吴国盛(北京大学哲学系教授)、赵世瑜(北京大学历史学系教授)、雷颐(中国社会科学院近代史所研究员)、秦晖(清华大学人文社会科学学院教授)、刘北

[①] 中国科协第11期"新观点新学说"学术沙龙的主题是"我国科技发展的文化基础",沙龙文集同此名,由中国科学技术出版社于2008年出版发行。

[②] 宋长青、蔡运龙等:"文化传统对科技发展的影响",《科技导报》,2007年第15期(总第25期),第82页。

成(清华大学人文社会科学学院教授)、王毅(中国科学院科技政策与管理科学研究所研究员)、莫骄(中央电视台编导)等。该次会议的目的,原本是想通过地理学家与其他学科学者之间的对话交流,探讨如何推动地理学的学科建设,提升地理学在整个学科体系中的地位,促进公众对地理学的理解,并最终推出一套由中国当代地理学者原创的人文地理学理论著作。但经过充分讨论,大家认为时机尚不成熟。因为许多地理学者将主要精力投入在了"横向课题"上,无法潜心著书。人文地理学者从事横向课题本无可厚非,因为中国许多人文社会科学学者也强调"经世致用",反对"高谈性命,直入禅障,束书不观"的空疏之学。参会的历史学家秦晖和雷颐就是"以史为鉴"、直面中国现实问题的著名学者。那次学科之间的碰撞,促使大家思考这样一个问题——学者如何在"经国济世"与"学术凝练"之间保持平衡?直到现在,这依然是中国地理学界的一个讨论话题。由此足见,十几年前的那次学科间对话,切中了中国地理学发展的一个关键问题。

学科间对话的意义是促进各个学科的发展。中国科技界、政府科教管理部门都十分重视在科学概念、科学政策、科学管理上的学科间对话。中国科学院知识创新工程试点、国家自然科学基金和科技部的计划都在大力推进学科之间的交叉与交叉科学。如果说1998年在商务印书馆召开的会议上,学科之间的对话促进了学者对于科研取向的把握,那么本届沙龙则促进深层对话,即希望通过学科间的对话,梳理人文地理学的独特视角、研究方法,并评价这些视角和方法的价值。

本届沙龙讨论的结论是:地理学为其他学科创造了有用的思维概念、空间表达的地图学语言、分析数据的数理工具,以及一些分析理论。例如,在本届沙龙发言的经济学家使用了区域、区位的概念(见第二单元的发言);社会学家使用了具有空间变量的分析模型(见第三单元的发言);历史学家使用了人地关系的分析思路和不同尺度空间整合的思维方式,他们使用地图展现研究成果(见第一单元的发言)。本届沙龙的另一项成果是,学者们更清晰地认识到,学科之间的对话,既可以促进学科之间的相互借鉴,也可以促生对各个学科的发展有用的分析和阐释方法。

学科间对话的内容

本届沙龙讨论的核心词是"地理学思想与方法"。地理学者对于地理学思想(thoughts)与方法(methodologies)并没有一个清晰和公认的定义。中国地理学人最早从商务印书馆翻译出版的《地理学思想史》[①]中了解到西方地理学思想的"外延",并通过詹姆斯(P. E.

[①] [美]普雷斯顿·詹姆斯:《地理学思想史》,李旭旦译,商务印书馆,1982年。(James, P. E. 1972. *All Possible Worlds: A History of Geographical Ideas*. Indianapolis, New York: The Bobbs-Merrill Co. Inc.)该书第四版为[美]杰弗里·马丁:《所有可能的世界》(《地理学思想史》第4版),上海人民出版社,2008年。

James)所罗列的各种思想外延来品味什么是地理学的"思想"。这部著作中所提及的地理学思想,是地理学者对所观察事物的"合理"解释,李旭旦先生将"ideas"翻译为"思想"。从这个英文词汇的本质来看,詹姆斯所罗列的那些地理学解释尚未"伟大"到用英文的"thoughts"来定位。2007年商务印书馆翻译出版了《现代地理学思想》①,作者理查德·皮特将可以后缀"主义"(-ism)的地理学解释称为"地理学思想"。而地理学解释又是什么?我们猜想,著名的地理学家哈维(David Harvey)一定被多次问及这一问题,起码他自己也会不断地反躬自问。为了回答这样的问题,他著有《地理学中的解释》。②这部书告诉希望了解地理学的人,地理学者对客观世界有一套自己的解释,这种解释就是地理学思想,我们也可以将之称为地理学思维。本次沙龙中学科之间对话的内容则围绕着这个核心。这次对话力图帮助我们厘清哪些地理学思维已经为其他学科的学者所用。

《地理学中的解释》被定义为"实证主义"作品。实证主义创始人奥古斯特·孔德(Auguste Comte)提出,实证主义需要的是客观的事实,这些事实是靠一般的、可重复的观察方法收集到的,而且还要在这些事实的基础上建立经得起检验的理论。参与本届沙龙对话的学科有地理学、历史学、经济学、社会学,它们在"依照事实说话"方面有着一致性。孔德认为,19世纪以前的社会研究是思辨的、情绪的和浪漫的,因此缺少分析推理和严密性。到19世纪末之前,中国尚没有独立的经济学、社会学;而地理与历史作为古老的学问,倒是有很长的历史。审视19世纪中国的历史学,的确不像孔德所说,是一门纯粹的"思辨的、情绪的和浪漫的"学问,例如乾嘉学派③就极为重视考据。柴彦威、周尚意以及我们的研究生共同翻译了《人文地理学研究方法》(Approaches to Human Geography)④,该书收录了Rob Kitchin的一篇文章"实证地理学与空间科学"。这篇文章指出,实证主义是试图运用科学原理和科学方法阐释社会现象的一套哲学方法。⑤经哲学家梳理出来的古今众多学者的思维模式,就是认识世界的方法论(methodologies)。既然参与本届沙龙对话的四个学科的学者都是"依照事实说话",那么他们在思维方法上的区别显然就只在于是否采用"实证主义"方法论了。

自20世纪70年代之后,"实证主义"在地理学研究中不再独领风骚。就连著名地理

---

① [美]理查德·皮特:《现代地理学思想》,周尚意等译,商务印书馆,2007年。(Peet, Richard 1998. *Modern Geographic Thought*. Oxford:Blackwell Pub.)

② [英]大卫·哈维:《地理学中的解释》,高泳源、刘立华、蔡运龙译,商务印书馆,1996年。

③ 乾嘉学派是指清代的一个学术流派,以强调对古代社会历史各个方面的考据而著称。由于学派在乾隆、嘉庆两朝达到鼎盛,故得名。

④ Stuart Aitken, Gill Valentine(ed.)2006. *Approaches to Human Geography*. London:Sage Publications.(中译本即将由商务印书馆出版)

⑤ Rob Kitchin. Positivistic Geographies and Spatial Sicence [C]. In Stuart Aitken, Gill Valentine (ed.) 2006. *Approaches to Human Geography*. London:Sage Publications. pp. 20-29.

学家哈维也从昔日的一位实证主义的拥趸,转向结构主义—马克思主义学者。结构主义分析方法更看重隐在纷杂的人文地理现象背后的本质联系。这样的分析方法打破了实证主义分析方法只分析事物空间可视化特征的状态。著名地理学家段义孚所主张的人文主义研究方法,带有强烈的人类情感色彩,更关注地理事物之于人的空间意义。该方法打破了实证主义的以下假设:① 发生在社会内部或者涉及人类决策的事件,有一个可识别、可验证的确定原因。② 决策是由一系列要求个人遵守的法则运作的结果。③ 在公认的标准上,存在一个客观世界,它让步于个人行为,这种个人行为的后果能以一种客观的方式观察和记录。④ 科学家们都是无私心的观察者,他们能够站在他们所研究的事物之外,以中立的态度来观察和记录事件的特征,在这个过程中他们不改变事件的特征,并且能够得到可以被其他观察者验证的理性结论。⑤ 在对无生命的问题的研究中,存在着一个人类社会的结构(一个有机的整体),这个结构按照某种可观测的规律以确定的方式发生变化。⑥ 通过改变在特殊情况下运行的规律,或者改变规律运行的环境,实证主义社会科学规律和理论的应用可以以确定的方式改变社会。[①] 这种分析方法的运用,使得地理学的研究不再是冷冰冰的世界。1970年代之后地理学所使用的这些"主义"显然也不是地理学自身的方法论。正如本届沙龙上有学者明确指出的:方法论是没有学科界线的。[②]经过这番讨论,我们更加清楚地看到,本届沙龙学科之间对话的核心内容是"地理学思维方法"。这种思维方法既不是哲学意义上的"方法论",也不是数学统计、空间模型、遥感等"技术方法",而是介乎其中的"中层(meso-)思维方法",这恰恰是我们地理学发展的核心。

2008年第四届人文地理学学术沙龙所讨论的主题之一,是"如何建立有中国特色的地理学"。在那届沙龙上,就有学者提出思维方法的创新才是建立"中国地理学派"或"中国特色地理学"之本。本届沙龙讨论的人文地理学"方法",实际上也就是"思维方法",这个讨论主题也是对上届沙龙主题的呼应和延续。在上届沙龙中也有学者提出,是否只要研究中国独有的问题,就可以建立"中国地理学派"了? 这样的争论不仅存在于中国的人文地理学界,也存在于中国的历史学界。前一段,一些研究中国历史的学者进行了一个非常热烈的学术讨论,参与讨论的核心人物有这样一个主要观点:中国的历史学者和社会科学者不能被洋人的"概念"、"观点"所引导。本届沙龙第一单元邀请到的三位历史学者,是中国历史学界"华南学派"的领军人物,他们这些年来就是以深入扎实的中国本土研究,来打破国外学者对中国历史的解释范式(paradigm)。国外一些地理学者已经意识到,一些中国历史学家,尤其是

---

① Johnston, R. J. 1986. *Geography and Geographers*. London: Edward Arnold. pp. 27-28.
② 见圆桌会议的讨论部分。

从事中国区域研究的历史研究学者,更看重以何种区域历史范式来解释历史。例如,美国南加利福尼亚大学人文地理学教授及中国区域研究专家 C. Cartier 在其"中国的大区"一文中就提到了这个现象。[①]美国人类学家斯金纳是中国地理学界、历史学界和人类学界都熟悉的学者。他也注意到,研究"东南沿海"的中国历史学家最具有这样的意识。[②]有国外的学者甚至提出,这是中国历史学者要建立一种"以中国为中心的中国史"的努力。[③] 如果读者拜读本书中三位历史学者在沙龙的发言,便可以看出他们并没有使用西方区域史的研究范式,而是脚踏实地地研究具体的案例;他们的研究目的是发现区域历史的本来面目,而不是用每个案例来证明某种已有的"规律"或"范式",尤其是外国学者总结出来的某种"规律"的普适性。说到这里我不禁又要回到方法论上,正如赵世瑜在沙龙圆桌会议上所说,"方法论"恐怕是我的学生最为"痛恨"的话题。如果历史学的研究仅仅停留在对具体事实的"还原"与"求真",而不是寻找抽象的"范式";或者历史学者采取批判理性主义[④]的立场,认为法则的正确性并不取决于被实验观察和证实的次数,而是取决于是否能被证伪,那么他们个案研究的学术倾向则有可能是,与其为科学有效性提供确实的证据,还不如通过发现例外以推翻理论来推进科学的发展。透过这些历史学家的个案研究,我们隐约地看到他们对化约论[⑤]的抵制。他们所做的每个鲜活的具体个案研究,拉近了学术研究与多彩的日常生活之间的距离,而这样的研究也正是人文主义学者所追求的。

学科间的对话会存在误解

本次沙龙前夕,中山大学地理学与规划学院董玉祥教授邀请若干地理学界的朋友同游"余荫(廕)山房"。该园为广东四大名园之一。后园一侧为小姐楼,中西合璧的双层小楼倒映于丈方的小池塘中,池畔修篁错落,遮掩着后墙照壁上题的一副楹联,周尚意与《地理学报》编辑部的何书金先生绕过竹丛近前细看,楹联为:"欲知鱼乐先修池,爱听鸟声且植竹。"回首再望园中景物,可以体会到园主人以联"题景"之意。回到中山大学,周尚意与北京大学蔡运龙教授就此楹联聊起,所谓沙龙,就是要"植竹"、"修池",以聆听各种不同的"鸟鸣",享

---

① Cartier, Carolyn 2002. The Macroregion in China. *Modern China*, January, Vol. 28, No. 1, pp. 79-114.
② Skinner, G. William 1985. Presidential Address: The Structure of Chinese History. *Journal of Asian Studies*, Vol. 44, pp. 271-292.
③ Cohen, Paul A. 1984. *Discovering History in China: American Historical Writing on the Recent Chinese Past*. New York: Columbia University Press.
④ 批判理性主义 20 世纪最著名的学术理论家、哲学家之一卡尔·波普尔(Karl Popper)提出,它是为呼应逻辑实证主义而发展起来的,并对后者的证实原则进行批判。
⑤ 又称"化约主义"或"还原论"。把表面上较为错综复杂的东西还原为较简单明了的东西的任何一种学说。或者企图将复杂的事象经分析简化,由最基本元素的性质去了解整体事象变化原理的理念。在社会科学方面,指相信人类行为可以还原为低等动物的行为或用后者来解释;而且归根结底本可以还原为支配无生物运动的物理规律。

受濠梁之上庄子与惠子就"鱼之乐"辩论的智慧。本届沙龙开幕式上,发起人本欲以这副楹联作为开场白,但是唯恐"鸟鸣"之喻引来其他贬义联想,故作罢。沙龙期间与赵世瑜闲谈,再次提及这副楹联。他在民俗学界学习数年,略知"鸟"与"鱼"是民间生育习俗中的"性象征",人们以此祈求多子多福。他的民俗学诠释令我们后怕,庆幸自己没有贸然以此楹联作为沙龙的开场白。

不过,这倒引出了一个思考:面对同样的研究对象,不同的学科会有不同的解释。在此事例中,若将楹联作者比作民俗学家,楹联则是他留给其他学者的"文本",其他学科的学者是否可以从"文本"中读出作者的原本之意?一定存在像我这样"孤陋寡闻"的地理学者或其他学科的学者误读此文本,为了避免误读,是否需要每个学者都成为博学的全才?在本届沙龙的圆桌会议上,北京师范大学的梁进社教授提出,科学发展到今天,各个学科只能从一个视角观察世界。他的发言隐含着这样一层意思:在如今这样的学科训练基础上,没有多少学者可以成为真正意义上的"全才"。如果不存在全才,那么是否容许不同学科的学者彼此误读?显然不允许。有学者提出,各个学科间的学术交流尽量不用本学科的学术术语,而使用通俗的语言来陈述学术见解,这样有利于避免误读。这就引出了下面的话题:学科间的交流只有深层对话这样的方式么?避免误解的学科间交流要用何种形式?

学科间对话的形式

学科之间的对话自古就有许多形式:论坛上的争论、笔墨上的商榷、闲谈时的调侃……。对话的形式取决于客观条件,本次沙龙就具有两个好条件。首先,本届沙龙讨论的是相对纯粹的学科问题,因此我们不必像"竹林七贤"那样,用比兴、象征、神话等手法,隐晦曲折地表达自己,让别人揣摩自己的思想。也因此,我们有直抒胸臆的自由。其次,参加者多为彼此熟悉的老友,因此,没有防范"敌意"的神经质。在这样的沙龙环境中,我们可以毫无杂念地体会对话者的真正含义。遗憾的是,本次沙龙对话的时间还是太短。

同本次沙龙一样,许多学者已经尝试了跨学科的对话。例如,2007年的"北京珞珈论坛"就是一个人文社会科学的跨学科对话平台。十余位来自教育部人文社科重点研究基地的学者,分别从哲学、法学、历史学、经济学、新闻学、信息学、管理学等多重视角,就同一个主题进行了跨学科的探讨。在国外,从事跨学科边界作业的人通常被称为"边界跨越者"。除了这样的论坛和沙龙外,武汉大学尝试在"边界跨越者"人才培养上创立学科对话的新模式。他们先后开办了数理经济试验班、数理金融试验班、国学试验班、中西比较哲学试验班等,并为中国传统文化、信息资源等综合性研究方向开设了博士点。把学科对话贯穿于教学之中也是我们这些沙龙承办者的愿望。有一个值得注意的现象是,五届人文地理学沙龙中有四届是由大学主办的。每次都有许多青年学子积极参与到沙龙活动中来。我们相信,参加本届沙龙的青年学子一定能将跨学科对话的形式延展到他们的学习过程之中,从而丰富学科间对话的形式。

不论是哪种形式的学科间对话,只要本着"切磋学术、砥砺思想、求真求实"的宗旨,就能够促进各个学科的发展。

周尚意　刘卫东　柴彦威
2010 年 4 月

开幕式致辞

张国友：尊敬的中国地理学会理事长陆大道院士，尊敬的北京师范大学副校长韩震教授，尊敬的中山大学副校长陈春声教授、校长助理保继刚教授，尊敬的华南师范大学副校长朱竑教授，尊敬的各位学者、各位来宾、各位媒体的朋友们，大家上午好！

第五届人文地理学学术沙龙现在开始。大家知道，2003年底，在国家自然科学基金委员会的大力支持下，以顾朝林教授为核心的科研团队在南京大学举办了第一届"人文地理学沙龙"。活动之后，《地理学报》以增刊的形式发表了这次沙龙的学术论文，在地理学界引起了很大的反响。2004年底中国地理学会学术年会期间，在广州举办了第二届沙龙；2006年底，在华东师范大学举办了第三届沙龙；2008年的这个时候，又在北京举办了第四届沙龙。而且在第四届沙龙之后，经刘卫东研究员、柴彦威教授、周尚意教授主编，由商务印书馆出版了第一辑《地理学评论》。本次沙龙过后还将编辑出版第二辑。目前，人文地理学学术沙龙已经成为中国人文地理学界的一个品牌活动，引领中国人文地理学的学术探究与学术争鸣。

大家会注意到，人文地理学学术沙龙的组织单位里，没有主办单位，只有承办单位与支持单位。第一届人文地理学学术沙龙得到了国家自然科学基金委员会的大力支持，但为了使学术沙龙的气氛更加宽松和自由、更加民间化，经与国家自然科学基金委员会地学部副主任宋长青研究员商量，国家自然科学基金委员会和中国地理学会都以支持单位的名义出现。因为基金委是国家部门，学会是学术团体，长期以来都有自己的管理模式与操作办法，如果列为主办单位，感觉会比较官方，不利于沙龙活动的开展。因为是一个沙龙，所以我今天没有扎领带；但为了表示对大家的尊重，我还是穿了西服。

今天，我们在此以"地理学思想方法在人文社会科学中的应用"为主题，举办本期沙龙，目的是为了促进学科间的交流与理解，促进人文地理学的健康发展。从这个主题大家可以想见，今天邀请的嘉宾、学者不会仅限于地理学界，还会邀请相关领域的一些颇有成就的专家、学者。我们相信，这次沙龙将会是非常精彩的。出席今天开幕式的韩震副校长，也是今天沙龙很重要的学者，他是哲学学者，面对今天的主题，他应该很有发言权，对地理学思想方法的应用和理解会有很多评论。

根据会议的议程，首先请中国地理学会理事长陆大道院士发言。

抓住机遇,使人文—经济地理学更上一个新台阶

陆 大 道

(中国科学院地理科学与资源研究所,中国地理学会)

尊敬的校领导,各位学者,在这个地方我是非常兴奋的,通过这个平台全国人文地理学者第五次聚会,有这么多年轻学者与第一线的学术代表参加这个工作,大家热爱这个工作,我感觉非常欣慰。

过几天中科院还要组织年会和一些活动,进行学术讨论的工作,还有一些东西会继续讲。我今天临时做一个发言,有一些内容过去也讲过:抓住机遇,使人文—经济地理学更上一个台阶。

一、大发展、大变化提出的实际问题

地球表层系统的重大变化,由自然因素引发的环境变化,现在转化为由人类因素引发的环境变化。二者对人类的影响是不一样的。由自然支配到人类支配的环境变化,有可能是一个悲观性的前景。由于人类自身的发展使人类所处的环境发生了变化,这种变化对人类的前途是否会产生悲观性的影响?这是一个问题。

长期高速与超高速的经济增长和大规模的城镇化使我国的自然结构和社会经济结构发生了剧烈的变化。过去30年经济的超高速增长、大规模的城镇化表明社会发展的总量在提高。这是各个年代我国的经济增长速度与美国的比较,我们每年3.5%—10%的经济增长速度是很好的,因为我们的基数比较大,当然现在的也不小。未来会是什么样的增长方式或增长目标呢?

20世纪80年代以来,地域开发与区域可持续发展问题开始成为各级党和政府决策的核心问题之一,给我们学科造就了发展的空间和巨大的平台。20多年来,我国取得了持续、

陆大道(1940—),安徽桐城人。经济地理学家,中国科学院院士,现任中国科学院地理科学与资源研究所研究员、中国地理学会理事长。长期从事经济地理学和国土开发、区域发展问题研究,尤其是工业布局影响因素的评价,初步建立了我国工业地理学的理论体系。一方面,在生产力布局、工业地理、国土开发、区域发展领域完成了大量全国性和地区性的研究任务;另一方面,在区位论、空间结构理论等方面对我国经济地理学和区域发展研究的学科理论建设作出了重要贡献。

高速经济增长和大规模城市化的辉煌成就,但是资源环境方面出现的问题很多,区域层面上出现的问题很多,这些问题需要加以解决。

到2020年,我国的经济总量将达到60—70万亿/年(改革开放的第一年是4 000亿,现在是30万亿),城市人口将达到八亿左右。届时,我国的产业规模将较现在有很大幅度地增长,经济和社会发展对资源与环境的压力将持续加大。这个时间也很近了,就十年左右,我们的学者要研究这些问题。但是社会经济发展的空间格局无法按照目前的态势均衡地延伸下去。如果未来我们的GDP达到了80万亿,那绝不是现在的自然延伸。我国的资源和空间应当如何合理利用,构筑什么样的空间格局,才能维系日益庞大的经济总量和社会总量?我国未来国土开发的总体战略是什么?地区发展的合理格局会是什么形态?哪些区域可能成为未来人口、城市和产业的聚集区,哪些区域应当采取保护和整治为主的措施,如何实现空间上的总体部署?这些严峻的问题关系着国家和民族的国土安全与长期生存的资源保障。

二、"人地系统动力学"是学科发展的理论方向

这个"地"有两层含义,包括土地、地域空间,也包括自然要素的总体。

地球表层系统包括自然和人文两部分,可持续发展问题被提出以后,就强调人文与自然的结合。地球表层系统的急剧变化,集中体现在"人"和"地"两个方面。问题就在这儿:人地系统是地球表层研究的主题和关键,从空间研究和地域研究的角度看,人类影响下的环境变化已经成为一系列地理和环境科学的主要研究对象,要解释环境变化的本质和机制,就要将人类社会经济的要素与自然要素结合在一起进行研究。人类发展是整个大生态系统的核心组成部分,我们的许多学者把人类活动说成是"干扰",经过10—20年的研究,认为"干扰"应该排除。人是这个系统的核心,怎么能说是干扰呢?比如新疆的水资源利用。但是新疆的确应该有360亿完全放在生态建设上,生态绝对是中心的。在这种干旱地区,如果人类无法生存的话,不可避免地就要挤占一部分生态用水。我是针对"生态中心主义"这个说法而言的。社会经济系统不是一个黑箱,里面的经济规模,如种植业的规模、种植业的结构、城乡人口的分布不同,所消耗的水资源是不一样的。社会发展需要有一个阶段性、有一个水平,不可能都达到深圳那样的产业水平和水资源利用水平。经济发展结构与水资源利用的水平是相关的。

人文经济地理学的理论对象是环境与社会,所以它是一门"环境—社会动力学"。这是美国人提出来的。环境,包括自然结构、生态在内;社会,包括经济等在内。也可以叫"人地关系区域系统动力学",揭示人地系统的特性、功能和演变,结合全球和中国的情况进行研究。上次我已经讲了一些逻辑上的图形来解决这些事情。

要加强"人地系统动力学"研究。对人地系统的特征与演变规律、发展及其各要素之间

相互作用的机制,对区域发展过程包括城镇化过程和发展格局之间的相互关系,对中国及各地区未来不同发展阶段的环境和发展之间耦合态势的预测,进行综合集成的研究。

我们学科的基本科学问题是清楚的、明确的。有一些对我们学科不了解的大科学家,往往在影响我们学科的命运。这些大科学家往往是这样提出问题、这样来表达他们的看法的:他可能提出一个项目,科学性有没有我们的学者要清楚。我们的科学性问题非常清楚,我们不要自己说自己不清楚,那人家就要说你有问题,你自己也就模糊了,千万不要这样。你申请项目的时候,必须在三分钟之内把这个项目的科学问题讲清楚,不然就不要申请。领导一个课题组也是这样的,一个课题组20多个人,你要讲目标是什么、课题是什么、研究问题是什么。如果你讲一个小时,肯定不行,你应该一分钟就讲清楚。我们学科的科学问题是清楚的,大家在各种场合下都不要说不清楚,如果你不清楚你就别说。

三、中国区域发展的战略、方针、政策:大格局的评述和前瞻

所谓四大板块和各地区的国家战略,比如中部崛起、西部大开发、东北老工业基地振兴等,其中西部开发是需要的,但是范围太大;东北振兴的目的很清楚,就是应对结构性的危机,国家的战略政策都是针对问题提出的;东部是沿海地区,国家没有出台正式的文件,主要体现为东部地区的现代化;中部崛起,中部不能塌陷,这里必须要崛起。最后大家都还基本满意,现在各地都在争取进入"十二五"。我是"十一五"规划专家委员会的成员,参与过将一些地区比如曹妃甸生态经济区等纳入"十一五"规划的工作。现在这几年不得了,各地区都想把自己的一块地方,可能占全省60%的面积,纳入国家战略。现在还在一个一个地批,"十二五"规划(过去叫五年计划,现在叫五年规划)都想进入,都有关于区域战略的描述。各个省的描述中都把本省的说法加入进去,比如海峡西岸经济区、辽宁沿海经济带、河北沿海经济带、安徽的江淮地区、江苏省的北部地区、江西省的鄱阳湖地区,等等,都要进入国家战略。现在国务院批准的都是国家战略,"十二五"的文本最后怎么写,是不是就将各省区的区域战略汇总到一起? 我个人认为这不是很好的选择。

地球表层系统是人与自然相互关系的区域系统。为了深入进行陆地表层系统的研究,探讨区域可持续发展的战略问题,首先应当对我国陆地表层系统的诸要素进行研究。我们国家的空间发展未来还是以聚集为主。

四、中国城市化的进程与科学支撑

全国和主要大区域的城镇化规模、速度如何与资源环境的承载力相结合问题。我们现在的城市人口有五亿多,但是城镇化水平的质量有一部分是不高的。关于这一点,我在2007年1月给国务院提交了一个报告,发改委也牵头组织了11个部委进行调查研究。另外一点是城市的土地问题,国务院已经形成了一个关于农民工居住问题的政府文件,最近几年情况正向好的方面发展。这两三年的城镇化率已超过过去的1.4%,未来还会更快,人们

希望尽快改变城乡二元结构。我们的人文地理学者要关注这些问题,这既是城市经济问题,又是地理问题。过两天,社科院城市研究所也会申报这个课题。这些与中国城镇化的过程相关,其规律是什么,我觉得可以研究。对局部地区的规划研究应该体现地理学家的视角。在经济全球化和信息化背景下如何进行我国城镇化空间格局的塑造与调控?这里就不讲了,这里面有许多内容。

如何在城乡统筹发展中推进城镇化进程?新世纪提出的新农村发展道路是正确的,未来中国15亿人口,要有75%的人口像欧洲国家一样生活在城市,将会是一种什么样的状态?中国在推进城镇化、让较多的人进入城市的同时,也一定要把农村建设好,城乡应该一体化发展。哪些方面应该一体化,哪些地方可以保持一定的差别?中国要想让10亿人口进入城市,许多要素的保障是无法想象的。城市需要有优质的能源、大型的集中的水源保证,等等。

五、学科发展方针:兼顾国家需求和国际趋势

坚持为国家的战略需求服务。我们要主动、充分地利用国家有关部门给予我们的发挥作用的平台,主动找上门介绍我们,宣传我们的成果,提出我们的建议。我多次讲过,我的老师做了大量的有关北京市的研究,但不仅仅是把成果出书或是放在文章里面,他最初是主动上门介绍自己,后来成为大学问家。这些给了我们很大的启示。我们凭所发表的论文来统计成绩是有限的,这些值得每一位地理学家去实践。

既然有了平台,不要人家不找我们,我们就不做了。我有建议的话就应该向你反映,我看欧洲的地理学家也是这样。要发挥交叉学科的优势,研究队伍要同时具备自然科学和社会经济科学的知识结构,实际工作要体现学科交叉的优势特点。我们要具备两方面知识结构的特点,这样对我们是有好处的。正是由于具备这样的知识结构,才使得我们在国家一系列战略需求面前表现出较大的特殊优势。人文经济地理学需要主动与地学其他学科交叉,成为地球表层综合研究的活跃力量。地球表层研究是非常活跃的,变化是很快的,问题也是很多的,所以我们发挥作用的空间是非常大的。这样我们就可以容纳更多的学者研究中国的问题、地区的问题、全球的问题。

要发展理论和革新方法。要对资源环境进行发展评价,对区域产业结构的演进方向、城镇化的规模和结构、基础设施的支撑能力等进行评价。关于数据库和空间分析及区域模拟,主要的研究和教学单位都要逐步建立针对性强的数据库和图形库,发展空间分析技术,与GIS学者相结合,开展区域发展、区域可持续发展、城镇化进程及其支持系统的模拟等研究。我建议我们撰写的文章以及研究报告都要有数学方法,都有模拟,但是不见得越复杂越好。要让学者了解实际生活的结构,而不仅仅了解计算机结构和数学结构;前者更加重要。你对实际事物的关联性是否了解?你搞这些有什么用?

六、迎接"十二五",努力争取国家级重大项目

像"863 计划"、"973 计划"、"科技支撑计划"等,我希望人文经济学者或单位的负责人有魄力去争取这些项目,宣传我们的成绩。我觉得国家完全有空间、有需要,关键看我们是否能做到,看我们把自己放在什么样的位置上。我今天在这里教学有一碗饭吃,我们也应该联合起来把问题做得更好。

咨询研究和咨询报告:我们的许多研究成果应该与政府见面,所提出的那些问题未来可能会怎么样,你要讲清楚。

申报国家级和省部级研究奖励:这很重要,这对单位的评价、个人的评价、学科的评价都很重要。有关的负责同志要注意这些事情,一次不行,两次;两次不行再做三次。这是国际上通行的做法。

加强交叉学科建设:充分发挥人文经济地理学战略咨询的作用,以"人地系统动力学"研究作为应用基础研究和战略咨询研究工作的基础。现在高等学校中钱是不缺的,但是团队的建设很重要。

七、将人文地理学表述为人文—经济地理学

交叉学科的研究成果及其价值长期以来未被充分认识,在地学里面也长期未被重视。但是现在情况开始发生改变了,因为人文经济学的科学问题具有不确定性,也就是系统发展的或然性。现在美国的自然科学基金中有一些关于不确定性的题目,我们中国的国家自然基金委员会也强调不确定性研究,未来的发展规划里面要体现这些,未来的领域和题目要加强这些方面的研究。这就是我们人文地理学科的不确定性,但是我们有健全的规律和法则。

要研究人文—经济地理学在整个地球表层系统中的地位。对自然环境的许多长期研究我认为是很科学的,但是如何将二者在国家的决策中结合起来,这其中就是可持续发展的问题。现在我们的学科站在核心的位置,资源环境研究过去不需要找出口,管它国家怎么用、社会怎么用,我只要发表 SCI 文章就可以了。但是现在需要有一个出口,我们的学科就在这个位置上。最后是决策与人类的行动。

资源环境和生态领域的研究仍然严守着自然科学的关口。多年来,资源环境领域的规划和发展战略,包括对学科研究方向、重大课题的设置,只提资源环境部分而不提可持续发展,严守着自然科学的领地,一小步也不跨出去。20 世纪 80 年代,西方学者在国际贸易理论领域进行了一场革命,这场革命的结果是产生了强调报酬递增、不完全竞争和区域内多重均衡的所谓新贸易理论,塑造了许多国际贸易和国际经济的均衡模式。克鲁格曼及其他少数几位经济学家力图将地理学的基本观念带入经济学领域,在强调实践中存在着规模收益递增、外部经济、不完全竞争、空间集聚等的同时,也重视地理学所重视的区位区域、距离等因素,并重视以数学模型来表达;以此来解释国家与区域经济发展的竞争优势、空间集聚及

空间结构。克鲁格曼并不设计许多的假设情景,因为假设情景是纯理论的、静态的;所以他的东西很有用。要整合前人各式各样的成果,最后进行动态化,要做实际的空间效益和形态分析,并加以联系。这样才能使人家看清楚:我们的规划和战略为国家、企业家、城市的决策者提供了可凭借的依据。

我们所讲的人文地理学,也包括经济地理学。新经济地理学的前沿议题,包括全球经济一体化、空间集聚、公司战略与区位、产业链布置等。克鲁格曼重新发现了经济地理学,他对各个经济要素的影响都非常重视,他的思维是值得我们学习的,我们是综合学科,也要考虑自然环境的影响。

为什么要改成"人文—经济地理学"这个名称呢?21世纪出版的文章上已经改过来了,有这么几个原因:长期以来,人文经济地理学在我们国家是个社会经济的概念,经历过苏联模式以后,经济地理学开始在我们国家占据特殊地位,经济地理学得到了较多的认可。"人文—经济"这个概念在1980年提出来以后,逐步被大家所接受,"六五"计划时期还曾提出要把它写入五年规划里面。人文地理学与社会地理学、城市地理学有关,如果把经济学概括进去,要考虑中国的历史情况以及中国科学院的学科设置。中国科学院是自然科学学院,这里面有地理学科,也有经济学科,这是一个现实。我是这样的想法。谢谢大家。

张国友:谢谢陆先生。由于时间的问题,我们就不展开讨论了。我的开场白有一点客套,刚才陆先生的报告则直奔主题。下面请韩震教授发言,有请韩校长。

哲学与地理学

韩 震

（北京师范大学）

尊敬的陆院士，尊敬的主席，各位专家，大家上午好。首先，我代表北京师范大学对第五届人文地理学学术沙龙表示祝贺，也对来自各单位的各位专家、学者表示热烈的欢迎！让我发言我诚惶诚恐，我在地理学方面是个外行，我的地理知识都是中学时候学习的，那还是在文革期间，学的也不完全。但是，我对地理问题还是比较关注的，因为我们毕竟生活在这个空间中，毕竟生活在地理环境中。我记得我在1980年代就写过一篇关于地理环境对哲学影响的论文，发在《云南社会科学》上。他们愿意发这种文章大概也因为他们在地理上比较遥远。

后来，我在参加历史与社会课程标准的研制以及编写教材的过程中，学到了许多东西。在座的周尚意教授与我合作，我从她的身上学到了许多知识。最近地遥学院给我送《中国国家地理》杂志，我每期都翻翻，学到了许多东西。如果没有这些学习的话，就更不敢上来讲了。

地理的概念就是一个哲学问题，"地"与"理"本身就是一个主客观的关系。无论是英语词汇还是与之相对应的汉语的"地理"，其中的"理"都是人们如何去看这个"地"，如果人不去看这个"地"，按照哲学的概念，那这个"地"就是"自在"的存在，它的存在就是无意识的，没有任何意义的一种存在。对人来说，当他看"地"的时候，在某种意义上这个"地"就变成了"自为"的存在，也就是人类所关心的"地"，人类关心的世界就是一个人化的自然的世界。马克思提出实践唯物主义，认为原来的旧唯物主义是机械唯物主义，之所以这样说，就在于旧唯物主义没有考虑人的因素。而康德早就提出，我们所说的时空系统本身就是由人定义的，如果没有人看这个世界，这个世界就是一个"自在"的存在。在康德看来，这个时空之所以有系统，就在于人有先天的直观形式，于是我们才有了河流、水系、山的高度，等等；否则的话就是

韩震（1958— ），教授，哲学博士，博士生导师。北京师范大学党委常委、副校长，兼任教育部社会科学委员会委员、全国高等学校教学研究会理事会副理事长、中华全国青年联合会社会科学工作者联谊会副会长、北京市社会科学界联合会副主席、北京哲学会副会长、中华全国外国哲学史学会常务理事、中国人学学会常务理事、全国现代外国哲学学会常务理事，《中国哲学前沿》（英文）主编。

一种茫然的存在。

我觉得康德所讲的是一种纯认识论层面的主客观关系。从人对地的角度看，我有一种划分系统，我把它表述出来，描述出来。马克思说以往的哲学只是认识世界，而更重要的在于改造世界。所以他更提倡实践论层面的关系，就是要改造世界。而且马克思的时代正处于启蒙运动的乐观主义时期，尽管马克思对当时资本主义所带来的恶果进行了批判，但是他认为自然会提供无限的资源供社会发展，他没有意识到资源匮乏这个问题。后来恩格斯提到，如果人过分地攫取自然，自然是会报复的。马克思说随着对世界的改造，财富会大量出现，那个时候就可以实现按需分配，就实现共产主义了。现在看来，这种看法可能具有时代特征，也就是说，还处在启蒙运动的乐观主义时期，对自然和人的关系认识不够。那个时候人对自然的改造压力没有这么大。

所以说，人化空间是一个漫长的历史过程，它在时间中展开。最初的人类是适应自然，也就是说，越是人类的早期，自然环境的作用越重要，自然环境对人类文明的约束就越大。比如，最初的文明都出现在大河流域，因为大河流域才有利于人民的居住，才能支撑当时的文明。伴随着实践的发展，像马克思所说的，资本主义产生在温带。这都与地理的约束作用有关，包括汤因比的挑战—应战理论等。如果没有这种挑战，人类不能发挥自己的首创精神；如果挑战太强烈了，把人改造自然的意志压制下去了，文明也不可能产生。从这些都可以看出地理环境对人的制约作用。地理环境对人的制约是永远的，但是在人类文明的初期和现在所起的作用是不一样的。

有许多哲学家提到，从某种意义上说核能的利用是一个很大的标志。过去人对自然的利用都是宏观上的、表面的改造，从这儿搬到那儿，再从那儿搬到那儿，把资源当做一种材料，比如把砖变成房子。从某种意义上说，这时物质本身的形态没有发生改变，只是发生了表面的变化；或者像维特根斯坦所说的，物与物之间的逻辑关系发生了变化。但是核能的利用，按照一位德国哲学家的说法，现在是人类通过拷打自然、逼迫自然来为人类服务。也就是说，它的能量本来是含在内部没有办法释放出来的，但是人类通过技术的拷打让它迸发出来了。这一迸发之后，人类对自然的改造就进入了新的阶段，这就是目前自然环境问题的根本原因。

哲学也认为，解决问题的办法可能就存在于问题产生的过程之中。我觉得从历史的角度来看，人作为一种有意识的存在，不完全是尽天职的，人是靠自己的思想站起来的。也就是说，其他动物或植物，实际上是一个尽天职的过程，自然的本能决定了它的生死和繁衍。但是人既有自然尽天职的一面，同时也有其思想、意志，并且已经使他觉得自己在一定意义上摆脱了自然的束缚。这就是人类生存的悖论：离不开自然环境，但是又总想超越自然环境的约束。

人类发展所造成的问题不可能通过退回到原始的状态去解决。有人（如有的哲学家）持这种观点，恐怕也不可能实现，因为人这种存在可能就是必须通过技术而生存。按照海德格尔的说法，技术这个架构是内在于人类的本性中的，因为人和其他动物的差别就在这儿，就得靠将自己的头脑外化为自然，也就是通过人化自然来改造自然。比如说，我们的牙齿肯定不如老虎，我们的手与狼的爪子相比肯定不如它们。我们的脚跑起来不如马跑得快，但是我们可以骑马；我们的力气不如牛，但是我们可以让牛为我们服务。过去人类用的东西都是自然地存在着的，但是现在呢？自然的外部表现的这些能量已经不能满足人本身了，因为人类繁衍得太快了，整个地球除了南极之外（当然那里也有人在考察，说不定哪天就移居过去了）都住满了人。不能满足人的需要，以后怎么解决呢？刚才陆先生提到城市化的悖论，城市化可以解决文明的提升，但是能不能支撑这个城市？这里面有许多的悖论。为什么呢？因为中国的问题就在于人口太多，而城市化是人类减少自己的生殖欲望的比较有效的方式。人越是在自然的状态下，就越接近于纯自然的生态。为什么越穷越愿意生？这与动物一样，动物有灭绝危险的时候，生殖的欲望更强，比如你想打死或者杀一些动物，这些动物的生殖反而更强了，它靠自己的繁殖量来保持自己的延续。我穷、养不起，所以要多生。不进行城市化会面临同样的问题。我们的计划生育现在在城市里是非常成功的，我的许多学生甚至都40多岁了，却一个孩子也不要。但是在农村，五六个孩子的家庭还是很多的。通过什么方式解决呢？这不仅是一个地理的问题，也是一个社会性问题，问题是复杂的。

从某种意义上讲，地理学科在目前的众多学科之中是最综合的学科。这是我的理解。这种综合在于其中有数学、物理、化学、生态学、经济等方面的知识，地理学是各学科知识都有的。

另外，这几年我当了学校的副校长以后，越来越感受到地理学科是把理论知识与动手能力、实践能力结合起来的一个学科。比如说，我到各个院系去过，不同的院系风格不一样。到数理化比较纯粹的院系去，他们的理论性更强一些；地理口的教师行动能力要强些，既有意志也有办法，还有手段。在某种意义上讲，光有理论不行，还缺少马克思说的"关键不在于认识世界，而在于改造世界"。现在人类的发展还得靠科学、靠技术。我们不可能退回到以前，也不能嫌人太多，杀掉一半的人。这肯定是不行的。但是问题在于什么呢？应该是更高的科技。这更高的科技应该伴有价值、良心和理智选择，这就需要人文精神、人文情怀，使科技不再是一种纯粹的工具，而是一种具有价值取向的东西。如果说马克思认为问题在于改造世界的话，那么关键是我们在改造世界的时候必须有自己的方向感，有自己的长远目标和目的。现在提出科学发展观就是为了这个目的。过去我们说"喝令三山五岳开道，我来了"，现在反而要建立人地和谐关系。人既然意识到这个问题了，人类的路还是要走下去，我们的危机也往往是机会。谢谢各位。

我是来学习的,祝我们的沙龙取得丰硕成果。谢谢。

张国友:非常感谢韩校长,韩校长从哲学的角度分析人与自然的关系,对我们清楚地认识和分析地理学的理论与方法大有借鉴意义。韩校长也给了我们许多的赞许,这是对我们的鼓励,再次表示感谢!

下面,有请中国地理学会副理事长、自然地理学者蔡运龙教授发言。

地理学与其他学科的互动

蔡运龙

（北京大学城市与环境学院）

大家好。这次沙龙有一个特色，请了许多地理学之外的学者参与，我非常高兴。"有朋自远方来，不亦乐乎？""学而时习之，不亦乐乎？"今天，不同学科的朋友聚在一起，相互学习，很难得。我谈一个问题，地理学与其他学科的互动。这次沙龙的主题是"地理学思想方法在人文社会科学中的应用"，其实也存在一个反向的过程，即地理学对其他学科的借鉴。把其他学科的发展引进地理学，对地理学本身的发展起到了很大的作用，所以需要思考这两方面的问题。

什么是地理学？刚才韩校长对地理学的理解非常到位：我们是一个综合学科，确实是这样的。地理学是什么？这个问题争论了很长时间，我们可以找到几百个定义。《重新发现地理学》中说道："正如所有现象都在时间中存在而有其历史一样，所有现象都在空间中存在而有其地理。"这是传统的地理学看法。在我看来地理学的研究核心是什么？人类环境、人地关系以及空间相互作用及其动态过程，这是我对地理学的理解。我们看到许多的文献中都有定义，但是我觉得核心问题是这些，即人类环境，还有刚才韩校长提到的，关键是人类环境与人类社会之间的关系。但研究人与自然关系的不光是地理学，地理学的一个特点是研究空间相互作用。所有现象都在空间中存在，所以空间的关系是一个重要问题。现在地理学研究强调格局和过程，如果格局说的是空间关系，那么还有一个动态的过程，是现在要重视的一个问题，这就离不开时间。

地理学是一个多学科的交叉。大家都清楚，有一个说法：地理学是自然科学与社会科学的桥梁。实际上地理学还涉及工程。从北师大地遥学院的介绍可以看到，地理学包括规划、防灾以及很多实际问题，例如冻土地区的交通建设等。我们介入了许多的工程，所以地理学确实是综合科学。我是学自然地理的，自然地理学是地质学、气象学、生物学、水文学、土壤

蔡运龙（1948— ），北京大学教授、博士生导师，资源环境地理学系主任，土地科学中心主任，地理科学研究中心副主任，地表过程分析与模拟教育部重点实验室副主任，并担任中国地理学会副理事长、中国土地学会副理事长等职。从事自然地理学、土地科学、自然资源评价与利用规划、区域综合开发、农业与农村可持续发展、区域旅游发展规划等方面的科研教学与咨询。已发表学术论文 300 余篇，论著和教材十余部。

学等的交叉，之所以成为一门独立学科，就是因为综合了所有自然要素；还有就是注重空间格局及其动态。经济地理学是经济学与地理学的交叉，经济地理学很重要，这可以从经济地理学家克鲁格曼获得2008年诺贝尔奖得到一点证明。瑞典皇家科学院发布的诺贝尔颁奖公告中说，克鲁格曼发展了一个根本突破性的国际贸易新模式，并对贸易格局和经济活动区位分析作出了重要贡献；而这相互联系的两方面杰出成就，为新经济地理学提供了种子（seeds）。国际贸易是经济学问题，而贸易格局及其动态以及经济活动区位是地理学问题。这很能说明经济地理学是经济学与地理学的交叉。地理学的其他分支学科，诸如社会文化地理学、历史地理学、城市地理学也都是与其他学科交叉的结果，都是我们关注的重要主题。

所以，地理学是牵涉自然科学、人文社会科学和工程技术科学的综合性学科，当然离不开与其他学科的互动。

下面谈谈地理学受其他学科的影响或者是借鉴。我举几个例子。一个例子有关地貌学，我们有一个经典的地貌学理论是地貌轮回，或者称侵蚀循环。我们看到的地球表层经过不断侵蚀和抬升的相互作用，长期演化以后，地貌会变，就是人们常说的沧桑之变。地貌学家戴维斯将这种地貌演化过程总结为从幼年期、壮年期到老年期的轮回，这是地貌学的一个经典理论。从科学思想和哲学观点来说，借鉴了达尔文的进化论。达尔文的进化论说的是生物和物种的演变过程，这个思想应用在地球表层的形态变化上就出现了地貌轮回的理论。这是一个例子。

第二个例子是20世纪60年代的地理学计量运动，对地理学来说是一次非常重要的革命，或者说变革。其本质是地理学的科学化，这个科学化借鉴当时整个学术界（包括人文社会科学界）盛行的一个科学哲学概念，即实证主义方法论。我们说地理学的计量革命只是形式，其本质是使地理学科学化。这涉及一个问题：什么是科学？按照科学哲学的一套理论，认为只有符合逻辑实证主义（或称逻辑经验主义）的学科才是科学。计量革命以前的地理学不符合这个标准，哈维的《地理学中的解释》是当年对这个运动的总结，他认为计量革命前地理学的状况，即20世纪60年代，或者是第二次世界大战以后的状态，是科学化不够、理论化不够。其中一个重要原因在于地理学与其他的学科，尤其是与科学哲学有隔膜。所以，地理学在计量革命时与其他学科有非常频繁的互动，而且是深入的互动，引进了很多科学哲学的观点和数学方法，对地理学产生了巨大的影响，乃至可称为一次科学化的革命。

但什么是科学？科学哲学发展过程中已经对实证主义提出了一些质疑，出现了批判理性主义、科学范式、科学研究纲领、科学多元主义等方法论。我在上次沙龙上谈过这些，这里就不重复了。总之，科学的标准已不能唯逻辑实证了。所以，后来地理学对这次所谓科学化的革命也做了一些反思，这个问题下面再谈。我在地理所每年给博士生做一个讲座，按照要求要出一个题目让学生思考，我曾出了一个思考题：地理学是科学吗？一些学生看了许多的文献以后,说地理学不是科学。与我的初衷不一样,我是想让大家思考什么是科学。科学被搞得很神圣,乃至有以科学统治世界之势,但到底什么是科学,很多人并不清楚。建议大家读一本小册子,书名是《科学究竟是什么?》。按照逻辑实证的观点,地理学不是严格的自然科学,但是从更广义的科学标准看,地理学应该是科学。

这个事例说明地理学受科学哲学的影响,还有一个很重要的影响是系统论对地理学的影响。计量革命的结果是引进了许多数学方法,其中最适合地理学或者是最有用的就是系统分析方法。系统论包括系统哲学思想、系统科学思想,更重要的是系统分析方法。这个影响很大,地理学聚焦于生态系统、环境系统、人地关系地域系统、社会系统、流域系统,如此等等。不仅引进了系统论的科学思想,更应用了系统科学的分析方法与研究技术来研究地理学的许多问题。这也是一个例子。

另外一个例子是人本主义地理学的创建。有一个因素就是刚才说的实证主义方法论在后面引起了反思,问题在哪儿呢?一般的学科注意解释世界,后来发现一个问题,这是哈维所说的,他引用马克思的话,他的许多著作的扉页上都印着马克思的这句话:我们不仅要解释世界,更重要的是要改造世界。前面韩校长作为哲学学者对此已有很精辟的论述。而逻辑实证的地理学片面追求所谓的科学化,就会有一种脱离社会、脱离现实的倾向,还怎么为社会服务?当代的许多问题,不能仅靠逻辑实证的解释和分析来解决,比如区域发展不均衡问题、贫困问题、贫困与土地退化恶性循环的问题、纯粹用科学的方法不能解决这些问题。因此,作为集逻辑实证地理学之大成的哈维放弃了原来的方法论立场,转而把马克思主义的理论引进来。哈维主要把《资本论》的许多理论和方法引进来,他研究"资本的极限"、"资本的城市化"、"资本的集聚"、"资本的空间"、"资本的全球化"、"新帝国主义"、"社会公正与城市"和"地理差异",等等。这样就可以解释许多现实问题,解释区域发展不平衡的问题、贫困的问题,解释这种贫困与环境退化之间的恶性循环问题,找到问题的根本症结,才能提出解决之道。此外,片面追求科学化的地理学还忽视了人的情感、人的主观作用;人文主义地理学注意到这些,引入了哲学、心理学的思想和方法,研究诸如"地方感"、"地方观念"、"地方空间"、"恋地情结"、"地方认同"、"全球化与本土化"等问题。这些例子都说明,地理学科对其他学科的借鉴对地理学本身的发展起了很重要的作用。

反过来看地理学对其他学科的影响,或者是地理学在其他学科的应用或者在整个社会的应用。早期的例子是洪堡,恩格斯在《自然辩证法》中提到洪堡综合的、辩证的、比较的自然要素"整编",就是我们现在所说的"综合"的意思,恩格斯称之为打破19世纪保守自然观的六大缺口之一。这可以看做地理学尤其是自然地理学对整个学术思想的贡献。这是早期的例子。

还有一个例子是指出人类活动对自然环境的干预。刚才陆先生说不能用"干预"这个词,但是人类活动确实参与了自然环境的演变过程,这与纯粹的自然界是不一样的。第一个指出这个问题的人是 Marsh,他其实是一个外交官,但是从学术地位来说是地理学家,被尊称为"现代环境科学和环境保护运动的先驱",他的书就是《人与自然:被人类活动改变了的自然地理》。这是又一个例子。

最近商务印书馆出版了一本翻译过来的书——《改变世界的十大地理学思想》,这里面提到了许多内容,我稍微做了一些综合。地理学家提出的地域分异规律、区域要素综合、人地关系、人类干预的地球系统、地图学方法、对地观测与地理信息技术、自然地理过程、空间结构(包括景观生态学和区位论)、空间过程、地缘政治与地缘经济等,有些刚才陆先生也提到了,都是地理学创新思想对整个学术思想和整个社会的贡献。这里面要特别提到的一个是地理信息系统,它现在已渗透到社会生活、社会管理的每个方面,许多地方都在用地理信息系统,包括我们开车用的 GPS,就是全球定位系统与地理信息系统的结合。由此可以看出地理学对整个社会和科学的贡献。

还提到一点是马克思主义地理学对马克思主义的贡献,这里面有一个关键词叫"地理唯物主义"。马克思主义的一个重要组成部分是历史唯物主义,哈维认为马克思对历史过程的分析比较透彻,但是对地理因素的分析不够充分。刚才韩教授提到马克思注意到了地理因素,比如说资本的母国在温带,但总的来说对地理的分析不充分。哈维在这方面做了许多工作,前面已提到他研究与资本有关的很多地理方面。地理学界认为他有一个贡献,就是地理唯物主义,这是对马克思主义的一个补充。还有一个时空辩证法,这也是对马克思主义的一个贡献。

我举这几个例子,说明地理学与其他学科的互动。总结一下:地理学是整个人类知识体系的一部分,这个部分是不断受益于其他学科的发展而发展起来的;另外地理学科对其他学科的发展也有贡献,所以有不可替代的作用。

刚才韩校长与陈校长聊天的时候我听到一个关键词:"勾兑",很能形象地表达我在这里所说的观点,地理学受益于"勾兑"各个学科,也被其他学科"勾兑"。希望我们不断勾兑出像茅台酒那样的品牌。

谢谢大家。

张国友:感谢蔡教授的精彩发言。人文地理学沙龙已举办了六年,形成了自己的特色和风格,这种风格应该向着更加宽松、更加自由、更加学术的方向前进。我以为,沙龙上大家交流的内容非常重要,但更重要的是通过沙龙这种形式,重新构建和树立一个良好的学术风气;尤其是在当前的学术氛围之下,我们应当如何营造一个绿色的学术生态? 这是需要我们大家共同努力的。所以,希望这个沙龙在机制上、形式上和内容上都能不断创新。由此,我想到"戈登论坛",这是上世纪初美国化学家创办的一个沙龙,目前这个论坛还在非常活跃地开展着活动。据我了解,这个论坛的方式就是由一批学者自愿参与、自己付费的相对封闭的活动,每年举办若干次,涉及很多学科,三四十位学者聚集起来可能花一个月的时间,至少也是半个月,自己分享自己领域内尖端的学术成果。这个论坛的特点可大致总结为以下几个特点:一是兴趣;二是自发;三是自费;四是人员相对固定;五是信息相对保密。我们中国的学者应尽可能做到共同兴趣、自发自费、人员相对固定;但不要搞成太封闭的小圈子,信息还是要尽量共享。这个例子仅供大家参考。

在此,非常感谢沙龙的参与者,尤其是前几届一直的参与者,这是相对固定的模式;同时,更要感谢历届沙龙的组织者为沙龙做出的贡献。这里有顾朝林教授、保继刚教授、薛德升教授、朱竑教授、曾刚教授、杜德斌教授、刘卫东教授、周尚意教授,还有李平教授、柴彦威教授、唐晓峰教授、王士君教授、修春亮教授。同时,很高兴看到每次沙龙都有自然地理学者的参与,蔡运龙教授、李秀彬研究员作为自然地理学者,对人文地理学沙龙也非常感兴趣,给予了很大的支持。这次更扩大到其他学科的专家,这是我们能够持续下去的生命力之所在。我们这次沙龙是第五届,是大规模的比较正式的沙龙,实际上,更多小规模的餐桌上的人文地理乃至地理学的沙龙更早,也更多,我也曾参与过几次。还有,北京大学王恩涌先生等最初发起组织的人文地理学沙龙,也应该是这个沙龙的基础。

第一单元的活动结束了,我作为主持人,要特别感谢北京师范大学地遥学院对这次活动的关心和支持,给我们提供了这么好、这么宽松舒适的交流环境。感谢北京师范大学,感谢地遥学院!最后祝愿这期沙龙取得圆满成功。谢谢大家。

第一部分
历史学与地理学

主 持 人：周尚意　北京师范大学地理学与遥感科学学院
主题发言：陈春声　中山大学历史学院历史人类学研究中心
　　　　　刘志伟　中山大学历史学院历史人类学研究中心
　　　　　郑振满　厦门大学历史学院
　　　　　韩茂莉　北京大学城市与环境学院
评 议 人：唐晓峰　北京大学城市与环境学院历史地理学研究中心
　　　　　王　铮　中国科学院政策与管理研究所、华东师范大学
　　　　　张伟然　复旦大学历史地理研究所

周尚意：各位代表，我们下面开始沙龙的第一个单元。本单元的主题是"历史学与地理学"。我们原来设想沙龙包括两个单元，其一是"人文科学与地理学"，其二是"社会科学与地理学"，由于本单元邀请的学者多是历史学家，因此本单元的主题定为"历史学与地理学"。本单元的主要发言人和评议人也是来自这两个专业的学者。下面将做主题发言的学者分别是来自中山大学的陈春声教授、刘志伟教授，来自厦门大学的郑振满教授，以及来自北京大学的韩茂莉教授。

明清之际韩江流域社会动乱与聚落形态的转变

陈春声

(中山大学历史学院历史人类学研究中心)

各位学者,刚才张秘书长说这次沙龙不应该打领带,我还是打了一条领带上来。第一次参加地理学的会,不知深浅,打领带也是一种自我保护。第一次与地理学方面的大佬见面,打领带还有表示尊重的意思。刚才听好几位学者讲人文地理学研究的理论方法、人文地理学与其他学科的关系,以及未来值得思考的发展方向,等等,我这个学历史的非常受启发。

从我这里开始,本单元随后的几位讲者都是我的好朋友。我们的发言题目比较小,如果大家觉得闷,可以打瞌睡。我在其他场合也讲过这个题目,但是每次要讲一个多小时。这次我努力压缩一下,看着时间,讲够20分钟就下来。相信其他的朋友会帮我讲完。

我今天要讲的是明清之际韩江流域社会形态的变化问题,大概是16、17世纪的变化。这是韩江流域,这个地图显示的是明清之际韩江流域大概的情况(图1),图中标有军事卫所、县等。在我要讲的这段历史时期,韩江流域总共有19个县,包括广东省潮州府全府的11个县、惠州府的3个县,福建省汀州府的6个县和漳州府的1个县(表1)。对这个地方,清朝有学者表述为"以防海盗故,乡邨筑砦,编户聚族,以万数千计。置兵储粮,坚壁足自

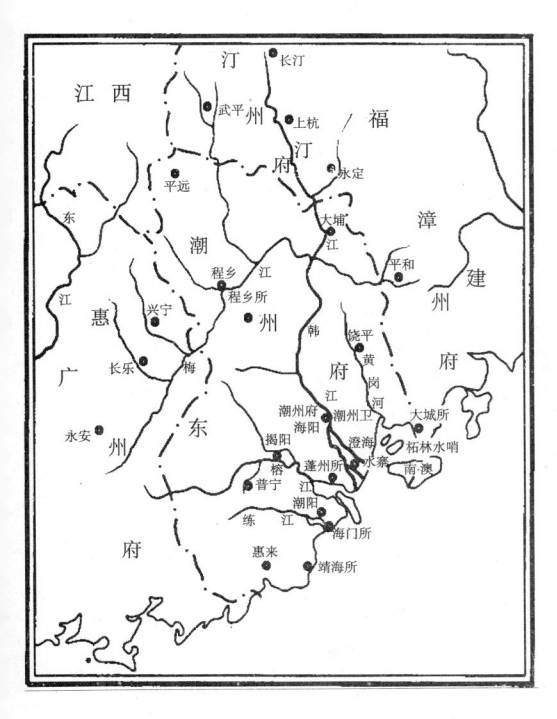

图1 明末清初韩江流域图

陈春声(1959—),广东澄海人。历史学博士,中山大学历史学系教授,兼任副校长、台湾研究所所长。主要从事中国社会史、中国经济史和史学理论的教学与研究,在历史学计量研究和传统乡村社会研究两个学术领域有较大成绩。正在主持多项有"历史人类学"倾向的国家重大研究课题和国际合作计划,重点进行族群与区域文化、民间信仰与宗教文化、传统乡村社会等领域的研究。

守"(汪琬：《〈潮渎偶存〉序》)。也就是说,这里有许多军事性城堡。在这张图片中,我们可以看到这个地方各式各样的军事性城堡,这是一类形式(图2)。这是另外一种形式(图3),周围用墙围起来的军事性建筑。这儿有54张幻灯片。这是永定的土楼(图4)。我选一些放给大家看看。

图2 军事性城堡

图3 军事性城堡

图4 永定土楼

表1 明末韩江流域各县建置

省	府	县	建县年代	县城始建城墙年代	备注
广东	潮州	海阳	东晋义熙五年(409年)	宋绍兴十四年(1144年)	潮州府附郭
		潮阳	东晋义熙五年(409年)	明洪武二十四年(1391年)	原千户所城
		揭阳	宋宣和三年(1121年)	元至正十二年(1352年)	秦始皇三十三年置揭阳县,后多变化
		程乡	隋大业三年(607年)	宋皇祐间(1056—1064年)	宋梅州州城
		饶平	明成化十四年(1478年)	明成化十四年(1478年)	
		惠来	明嘉靖四年(1525年)	明嘉靖四年(1525年)	
		大埔	明嘉靖五年(1526年)	明嘉靖五年(1526年)	
		平远	明嘉靖四十一年(1562年)	明嘉靖四十三年(1564年)	原属江西赣州,嘉靖四十三年归潮州
		澄海	明嘉靖四十二年(1563年)	明嘉靖四十五年(1566年)	
		普宁	明嘉靖四十二年(1563年)	明万历十三年(1585年)	原名普安,万历十年改普宁
		镇平	明崇祯六年(1633年)	明崇祯六年(1633年)	
	惠州	兴宁	宋熙宁五年(1072年)	明成化三年(1467年)	东晋咸和六年置兴宁县,后多变化
		长乐	宋熙宁五年(1072年)	明洪武二十年(1387年)	
		永安	明隆庆三年(1569年)	明隆庆四年(1570年)	
福建	汀州	长汀	唐开元二十四年(736年)	唐大历四年(769年)	汀州府附郭
		宁化	唐天宝元年(742年)	宋端平间(1234—1237年)	
		武平	宋淳化五年(994年)	宋绍兴间(1131—1163年)	
		上杭	宋淳化五年(994年)	宋端平间(1234—1237年)	
		连城	宋绍兴三年(1133年)	宋绍兴间(1131—1163年)	原名莲城,元至正十五年改连城
		永定	明成化六年(1470年)	明弘治五年(1492年)	
	漳州	平和	明正德十二年(1517年)	明正德十四年(1519年)	

世界文化遗产把所有这样的土楼叫"福建土楼",我感觉非常不舒服。这是我上山下乡当知青的地方,从谷歌地球网下载的遥感图是这样的(图5)。从图5中可以清晰地看到土楼的形状,该土楼位于广东的饶平县。广东省内有一千多个这样的土楼。这些墙都有两三米厚,墙上的洞是做土楼时夯墙留下来的(图6)。

我们所能看到的建筑土楼最早的记载是在明代嘉靖年间。这些建筑都是在16世纪才出现的。这张照片(图7)是在平和县,照片中有筑楼人在地基上留下的石刻。

我们研究的问题是:明代嘉靖到万历期间,这个地方发生了什么事情?具体而言,我们要从土楼入手,分析当地的社会动乱问题;而社会动乱与本地原住民"汉化"的过程有关。这个地方在16世纪之前,有各式各样的少数民族居住,如范绍质《瑶民纪略》所记载的:"汀东

图 5　广东饶平县土楼遥感图

图 6　土楼

图7　福建省平和县土楼地基上体现的筑楼年代

南百余里,有猺民焉。结庐山谷,诛茅为瓦,编竹为篱,伐荻为户牖。临清溪,栖茂树,阴翳蓊郁,窅然深曲。其男子不巾帽,短衫阔袖。椎髻跣足,黧面青睛,长身猿臂,声哑哑如鸟。乡人呼其名曰畲客。"可见,原来居住在这里的所谓"猺民"或"畲客"都是"结庐山谷,诛茅为瓦,编竹为篱,伐荻为户牖"的,并无土楼这类大规模的聚落出现。刚才大家看到的图片,全是在社会整合程度很高、社会组织性很好的人群中才能出现的建筑和聚落,是原住民"编户齐民"之后的事情。

在这些大聚落形成之前,本地的聚落形态是什么样的?嘉靖《兴宁县志》记载:"土人喜乡居,曰宜田也。父子必分异,为子买田一庄,田中小丘阜,环莳以竹,竹外莳棘,代藩篱(俗呼棘曰勒)。数岁成茂林,作宅其中,前必大作鱼塘。高冈远望,平畴中林麓星列,环居皆田。子□角駏,出之子数人,人自为宅,虽一子亦无同居者,欲其习劳食力。相去数十里,疾痛不相闻,邂逅相见如宾。"可见当时本地居民主要还是以散居状态为主,连父亲都不与儿子住在同一个聚落里。

明清之际本地发生了一系列的社会动乱事件,在传统史书中,作乱者被称为"倭寇"、"海盗"或者"山贼"。其实,这类动乱也与本地的族群有关,例如《揭阳县志》有如下记载:"客贼暴横欲杀尽平洋人,憎其语音不类也。平洋各乡虑其无援,乃联络近地互相救应,远地亦出堵截。"这里的所谓"平洋人",就是讲"福佬话"的人。

明清之际是一个社会大转型的阶段,在那个时期,地方政区重新划分;户籍和赋税制度有了根本性改革,即出现了从"一条鞭法"到"摊丁入地"的变革;因为白银输入和海外贸易的发展,韩江流域的商品货币关系高度发展;而正如我们将要讨论的,本地的聚落形态也出现了重大变化;与此同时,以宗族组织和民间神祭祀为核心的乡村社会组织重新整合,当地文人对地方文化传统和历史渊源提出了新的解释。其中对地方政区进行重新划分,如表1所示,韩江流域的19个县里,有10个是在这一时期建立的。在座的诸位多是人文地理学的专家,看到平和、饶平、镇平、普宁、永安等这些具有祥和之意的县名,马上就会明白,这些地方本来可能不怎么祥和。

明代中叶开始,韩江流域长期遭受"山贼"、"海盗"与"倭寇"之苦,"海盗"、"山贼"不断侵扰,"抚民"、"抚贼"到处可见,官员懦弱,官兵无能,官府没有足够的能力在一个迅速转型的社会中维持安定和起码的秩序。而这种散居的小村落范围能力薄弱,显然难以适应动荡的局势。因此,官府和士绅鼓励百姓归并大村,并实行筑城建寨的做法。据嘉靖《广东通志》记载,嘉靖三十八年倭寇从福建进迫饶平县,有司即"通行各县谕令小民归并大村,起集父子、丁夫,互相防守,附郭人民俱移入城内"。这种"谕令小民归并大村"的政策,使嘉靖以后该地区的聚落形态发生了重大变化,散居的小村落减少了,出现了一座座墙高濠深的军事性城寨。也有一些台湾学者把这一时期聚落形态的变化称之为"筑城运动"。

出面组织乡民建筑寨堡的,都是本乡有力量的人,这在当时是一种普遍现象。林大春《豪山筑堡序》也讲到,潮阳豪山乡置堡守御时,协力任事者也是这类乡村的领袖人物:"豪山一乡因始置堡为守御计,若有合于余之策焉者,意其中必有协力任事之人,而吾未之见也。乃今得闻陈氏尚昭、以宦二君者,岂余所谓其人欤。初君既以行谊为乡所推闻于郡县,以从事于筑堡之役。其后堡成,寇至不敢窥兵,乡人赖之。"

我在海边的樟林乡做过许多年的调查,明代嘉靖时候,这里的居民上呈文给知府,要求建筑城寨,原文如下:

"具呈文人饶平县苏湾都樟林排年蓝徐翁户丁蓝城居、徐荣生、翁标选,程林马户丁程学礼、林冒州、马良德,姚陆张户丁姚乃文、陆景、张景叶,朱陈宋户丁朱家珍、陈国文、宋惟殷,王李施户丁王玉、李叶春、施中林,为恳恩批勘建防,以御海寇,以安万万黎庶事。"

"缘居等海滨蚁民命乖运蹇,居址莲胜荒丘,三五成室,七八共居。可为生者,耕田捕海;遵治化者,变物完官。前属海阳,今隶饶平,课排军民,凛分赫然。和今复为不幸,寇倭猖獗,东海汪洋,无可御堵,西土孔迩,难以救援。况又河口军卫、驿地步兵各自保守,庶个穷黎,哀救无门。家室所有,悉为洗迄。惨惨哭哭,莫可奈何。"

"今遗余苏商度计阻,必合聚筑稍能存生。故本年三月合集众村移会南面官埔创住。但斯地樟林楠櫬丛什，可为屋具，四面沟湖深曼，可为备防。然又众庶激奋，欢愿捐资筑防。第忖乃樟滨涯弹址，非邑非州，恐干律令所禁。又思民为邦本，本固邦宁，樟虽滨涯，亦民也，徒不筑防，终无安止，势必命染非辜，或同化逆，居等汹汹尽为弗愿，天台其忍之乎？"

"且复此防不立，大有不利。樟居东涯，邦已可以至州。州外东土，村落不一，人丁何啻万亿，倘东涯无防，攘肌及骨，王城其保无溃乎？且立防之计，虽居等之私利，实有溥及于州外数十里之民也。无事我村安寝，耕插种植，亦犹众村之民也。有警众村附入，官军督捕，犹如王府之铁库也。甚至上宪按巡，邑主追缉，亦有止居也。不则寇凶莫测，可无虞乎？此利下益上，通便无弊，如是天台早所洞识怜恤者也。"

"兹伏恳爷爷中达宪天，俯从民便，慈艰准筑，则活万命匪浅矣。仰赐沛泽，则向之哀救无门者，今歌父母孔迩矣。披列筑防惠民情由，匍赴爷爷台前作主，金批印照准筑，恩恤穷黎，则泽被有戴二天矣"。

结果，这些呈文很快就得到知府的批复："有利民，准筑。"

这些呈文是极为难得的文献，其中有三点值得注意：首先，樟林寨是由莲花山麓多个散居的小村庄"合聚"而成的。这些小村的民户至迟从明初起已经编入里甲排年，分属里甲制下五个不同的"户"，早就是政府管辖之下的"编户齐民"。而且，从官府的登记制度看来，樟林寨建设之前，"樟林村"已经作为一个独立的单位而出现。这大概反映了当时韩江流域乡村聚落形态变化的一般情况。其次，"合集众村移会南面官埔创住"是在嘉靖三十五年三月，至当年十月才呈报"捐资筑防"；可见合村居住事官府并不介意，官府紧张的是军事设施的建设，所以前者不须呈报，后者则"干律令所禁"。事实上，合村者是否已经"编户"与"筑防"有否呈报，是区分"民"与"盗"行为的两条最重要的标准。已"编户"者经呈报而建寨当然属"民"之所为，所以樟林建寨的理由是"思民为邦本，本固邦宁，樟虽滨涯，亦民也"；非"编户齐民"又私自"筑防"，所建者就大多被视为"贼寨"。再次，樟林建寨的初衷，一方面是散居各村的各姓乡民在此聚居；另一方面也准备"有警众村附入"，让周围的其他小村遇盗时有避难防御的处所，兼具两方面的功能。至少给官府的呈文是这样讲的。不过，后来的实际发展却是周围其他小村的村民纷纷移居樟林寨，城寨从开始时的"一村之中，尚犹未满百灶也"，发展为占地约600亩，俨然成为在当时地域社会中有较大影响力的一个大聚落。

根据文献记载，当时的占领寨周长共有805尺，有四个大门、两个小门等，是军事性的堡垒。这张地图是1935年社会学者在樟林做调查时画下来的，我用粗虚线标出了明朝批准建立的樟林城寨的范围（图8）。可以看出，城寨周围的护城河到1930年代还是基本完好的。下一张图是樟林的卫星遥感照片（图9）。有意思的是，经过对比，我们发现1930年代手绘的地图不太准确，当年学者做调查时，观念里的樟林寨是正方形的，而实际的形状是类长方形。我在该遥感图像中也用粗黑线表示出其形状。我们可以看出，樟林东边是大片的田地，在1920年以前，这些地方基本上还是海面，许多田园是1950年代以后围海造田形成的。实际上樟林在历史时期一直是在海边的。

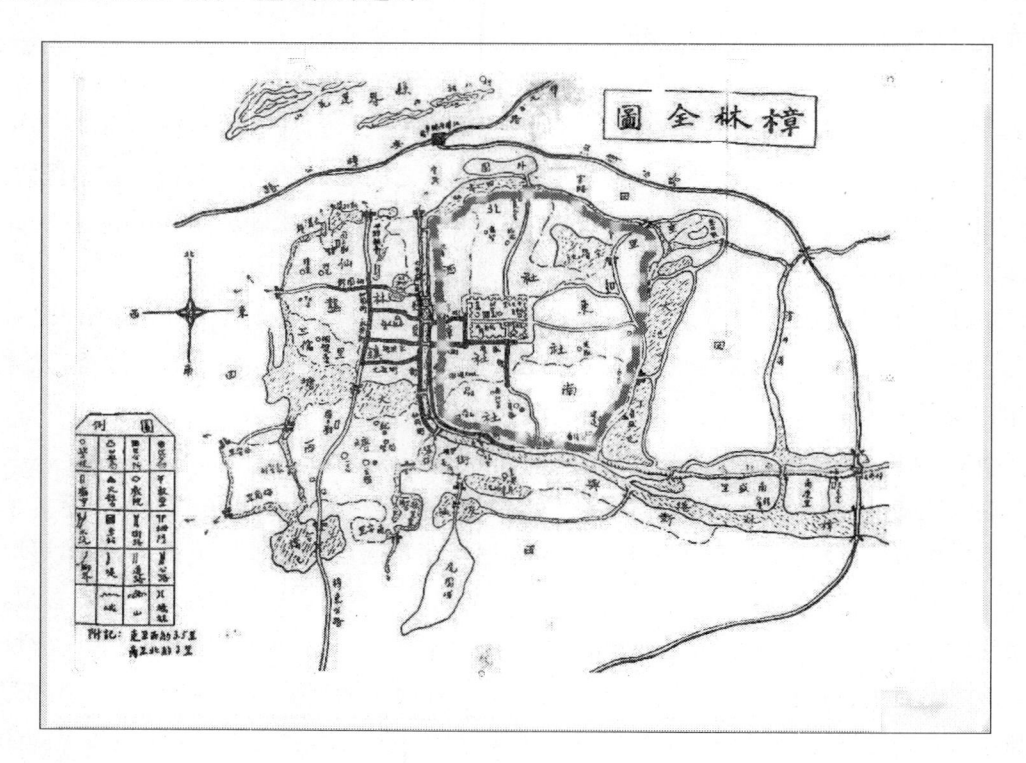

图 8　樟林城寨的范围

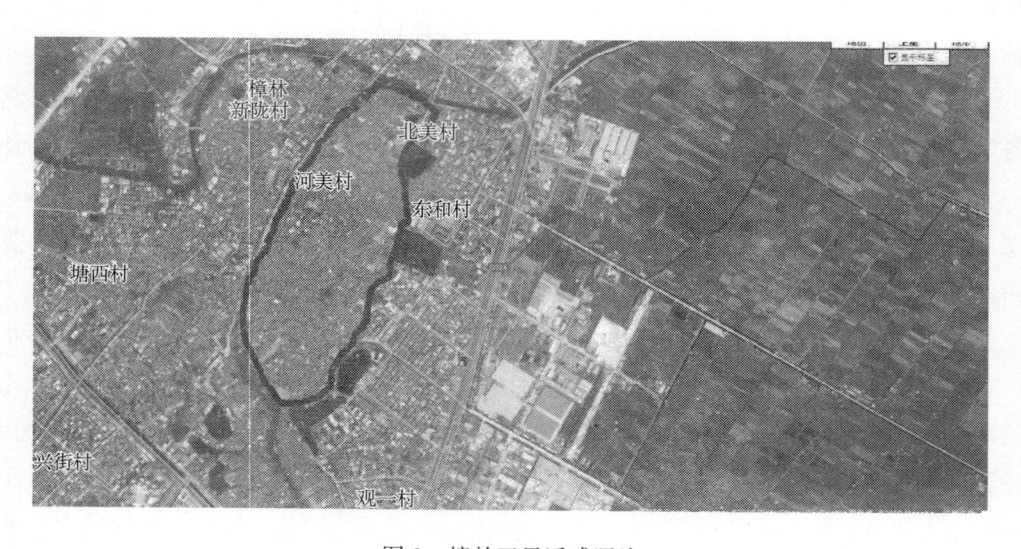

图 9　樟林卫星遥感照片

经过筑城建寨运动之后，17世纪韩江流域的许多地方基本上也像澄海县一样，主要的聚落都成为军事性的城寨："在下外为冠陇寨，在上外为菊林寨；在中外为渡头寨；在苏湾为程洋冈寨，为南湾寨，为樟林寨；在蓬州为歧山上寨，为歧山下寨，为下埔寨，为鸥汀背寨，为外沙上、中、下寨；在鳄浦为水吼桥寨，为湖头市寨，为厚陇寨，为月浦上、中、下寨，为长子桥寨；在鮀江为鮀浦寨，为莲塘寨，为大场寨。以上诸寨百姓因寇盗充斥，置寨防御，自为战守。"（康熙《澄海县志》卷11：《兵防》）澄海在海边，而地处深山的平和县也是同样的情形："负山险阻，故村落多筑土堡，聚族而居，以自防卫，习于攻击，勇于赴斗。"（康熙《平和县志》卷10：《风土》）结果，这个地方的聚落形态就变成了一个一个的城寨。

到清代初年，发生了一件对韩江流域乡村社会影响极大的事件，就是"迁海"（又称"迁界"）与"复界"。康熙元年，朝廷下令将沿海30里至50里的人全部赶走。我们在樟林找到一个当时"迁界"的告示，其中规定："仰界外乡村居民人等知悉：各照立定界限，告示一到，即刻尽数迁入界内地方居住。毋得留恋抗违，致干法度。既迁之后，不许出界耕种，不许复出界外盖屋居住。如有故犯，俱以通贼处斩。"康熙末年，樟林有一位自称"上林氏"的83岁老人家，写一个回忆录，其中讲到"迁界"时候的情况："康熙三年甲辰，我澄全斥，仅留南洋、澄洋冈、南沙寨等乡一圈，名曰两河中间。我乡先斥，屋宇、砖石、物件、树木悉被未迁之人搬斫已尽。"这就是当时"迁界"的情况。

因为"迁界"，海边原来存在的军事性城寨全都拆毁了，基本上沿海30里到50里的范围内什么房子都没有了。但在界内不迁的地方，原来建筑的城寨大多保留了下来。这些地方已经是山区，居民讲客家话的人比较多，结果，这些土楼在后人看来，似乎就成为了客家人的代表性建筑。其实，广东、福建界邻地域现有5 000多个土楼，其中1 000多个土楼的居民是讲福佬话的。所以，我们现在有时把这些土楼误称为"客家土楼"，这是清代初年"迁界"和"复界"的过程所导致的。

"复界"是一个很长的过程。不过，"复界"之后重建的聚落，已经不再采用军事城寨的形式。下面这段话还是那位自称"上林氏"的老人家写的："即于康熙八年己酉，许海内之民归复开耕，即于是年议设营垒於东陇渡头榕脚。因乡乏人理事，被究棍攒来掩，乡中筑防，周一百四十丈，高一丈四尺，置三门，设守备一员，兵五百名以御。且从来设兵以卫民，今且民以卫兵。噫，怪矣哉！"也就是说，康熙八年复建樟林时，在"迁界"的时候被拆的樟林围墙不能重建，官府弄了一个兵营建在聚落的中央，周围环绕普通的民居。

还有一个问题要解决，即明代中叶以前各式各样散居的人，在聚居成大村以后，仍然保留各式各样的姓氏。这些杂姓村在什么时候成了我们现在在华南各地经常见到的单姓村？这是另一个国家制度的变化所导致的，即所谓"粮户归宗"制度的实施，这个过程是在18世纪发生的。因为发言的时间有限，所以我不能仔细讨论"粮户归宗"的过程，大概的情形是这样的:清初因为宗族的发展,赋税征收的基本单位(即所谓"粮户")与宗族结合到一起,导致了一些重要变化,原来不是里长户的宗族开始谋求里长户的地位,并购买族田以减少族众的赋役负担,这样就出现了一些小姓改姓加入大宗族或众多小姓合并成同姓大宗族的情况。"粮户归宗"既是对宗族在乡村地区日益重要的社会现实的承认,又反过来鼓励了宗族的迅速发展。

到18世纪中期,地方志就普遍出现了这样的记载:"丰邑分割嘉、海、揭、埔四州县成治,风俗约略相近。民皆聚族而居,质朴勤俭,无浮靡之习。重宗祠祀田,婚丧俱效文公家礼行之。"(乾隆《丰顺县志》卷7:《风俗》)"俗重宗支,凡大小姓,莫不有祠。在城者为宗祠,一村之中,聚族而居,必有家庙,亦祠也。家庙有凶吉之事,皆祭告焉,所谓歌于斯,哭于斯之寝室也。"(黄钊:《石窟一征》卷4《礼俗一》)可见,所谓"聚族而居"的单姓村到18世纪已经成为韩江流域乡村社会普遍的聚落形式。

我在这里所要努力说明的是,16、17世纪韩江流域乡村聚落形态的变化,已经成为具有深远影响的地方文化传统的一部分。我们把现在看得见的聚落形态的地域空间格局的历史过程基本还原出来了。从这个过程中,我们可以看出历史时期国家与地方关系的变化、官府与百姓关系的变化。从这个意义上,我们可以谦卑地说,历史学也可以是地理学的一部分。谢谢。

王铮:听了陈校长的讲话,我长了许多知识,刚开始我甚至不知道韩江流域在哪儿,我还以为是在辽宁那疙瘩呢。而且,我过去一直认为这种村落建筑结构是为了防台风。

我也评价不了这个东西,但是我觉得做学问需要以事实为根据,以历史为根据。我觉得历史学家比地理学家好。我们所记录的许多东西是违背历史的,没有历史根据的话我们说了很多。今天上午我也冲动了,不好。王恩涌老师80多岁了,我觉得应该记住他,是他而不是本人发起了人文地理学沙龙。现在的小沙龙也是他请大家吃饭,说要把原来的小沙龙做大。我还想起刚开始还有另外一位老师卢培炎。

《中国国家地理》最近出了一个纪念一百年的集子,里面提到一些东西将不是某人发明的说成是某人发明。比如,将李希霍芬的东西被说成是其他人的发现。还说有一位华东师大的老师因迎合政府观点从讲师提了教授。其实是因为某一年某一位教授提出城市发展应该优先发展大城市,华东师大的一个老师写出一篇类似观点的文章,这个老师后来被提成教授。这个老师之所以被提成教授是因为整理书,写了中国人口地理学。我当时觉得这个想法是普世的想法:不能为了抬高自己把别人贬低了。我只是想说这个事情。写这个文章的老师不是丁金宏院长,这位老师是不拍政治马屁的,他曾经在文化大革命时说毛主席的语录有问题,他说愚公移山是不对的,因为山是会再增高的。所以当了"反革命"。我们回到主题,学问需要我们以严谨的态度来做。

另外陈老师讲的这个东西,给了我启发。在15世纪明代的时候,中国社会保守化,形成了大的集中村落,而不是把城市规模做大。陈先生刚才讲的最后一个事实,我也非常感兴趣,因为它回答了中国城市为什么没发展起来,没有在清代继续资本主义化。还有,当时人们为什么要改姓?陈教授告诉我们是为了自保。我猜的是,大家改姓是为了攀附上级"集群",形成利益总体。不管走到哪儿,有人就说我是北大毕业的。社会到了这样一种形态,要结成帮系,才能维持自己的生存,所以清王朝要失败。中国选择大村落而不是城市化,有军事原因,是历史的产物。一个地理结果,往往是历史的产物、区域进化的结果,是历史构建的,这就是历史主义地理观。所以我们很值得向历史学家学习。刚才陆院士提到地理学要发展数量模型,这是主流方向,物理主义的,很好。但是历史主义必不可少。

现代社会有没有走向帮系的现象?我看是有的。这是对现代中国发展的挑战。在许多情况下需要考虑历史的教训,陈老师至少从历史教训的角度告诉我们是什么样的。倒过来这里也有地理分异。从地理学的角度来讲,为什么福建人、浙江温州人能够到处做生意,到了宁波这一带又与福建人完全不一样了?没有抱团,自己干。它的形成与地理环境有关吗?为什么会出现这种情况?你可以说这有一定的类似原因,可能有地貌的条件,也可能有别的条件。所以我觉得原因这个问题,也是值得与历史学家共同探讨的。

我觉得对中国地理学来讲,很需要研究地方文化对区域经济组织形式的影响。人民公社这个组织出现在中国北方的河南省,文化大革命时的小靳庄,也出现在北方,现在先进的集体致富也是在北方,过不了长江。为什么不到南方去?尤其不在浙江、江苏?但是福建、广东有客家人的地方,则存在氏族文化,会形成氏族,所以这些地方现在形成了家族企业。当时结成氏族是求自保,现在的家族式企业是这个原因吗?为什么还要搞家族企业?这种文化模式是反城市化的。芝加哥地理学派就认为,对城市的两种态度决定了不同的发展道路。

我觉得地理学家应该研究氏族文化,研究人民公社这种现象,研究家族企业现象,发现中国发展的规律。这个意见也是供大家参考的。

我不大懂历史,周教授硬让我评一下,献丑了。谢谢大家。

周尚意:刚才王教授评议得很好,尽管有一些话题游离于陈教授的报告之外,但他有两点强调得很好:第一,地理是什么?地理是历史建构的过程;第二,地理学方法是什么?王教授讲到开幕式中陆院士提到的模拟或计量。而陈教授给我们展示了一个与模拟、计量完全不一样的研究案例。我想说的是,只有多视角的研究才能把空间是什么、地理是什么说清楚。下面有请刘志伟教授做报告。

珠江三角洲聚落空间的历史社会学分析

刘志伟

（中山大学历史学院历史人类学研究中心）

谢谢，来到这里诚惶诚恐！我这个题目在其他场合讲过许多次，大多是在历史学者中间展示一下如何从空间的角度去考虑我们的历史问题；今天站在这里面对一群地理学家，不知道怎么讲才合适，实在是班门弄斧。

我今天想讨论的是珠江三角洲聚落空间结构的社会过程。首先，让我们很快地看一下珠江三角洲的聚落空间。这是一幅当代的地图（图1），图中道路密集交错的地方是珠江三角洲聚落最密集的地方，珠江三角洲的城市基本聚集在这个区域里。大约一千年前，珠江三

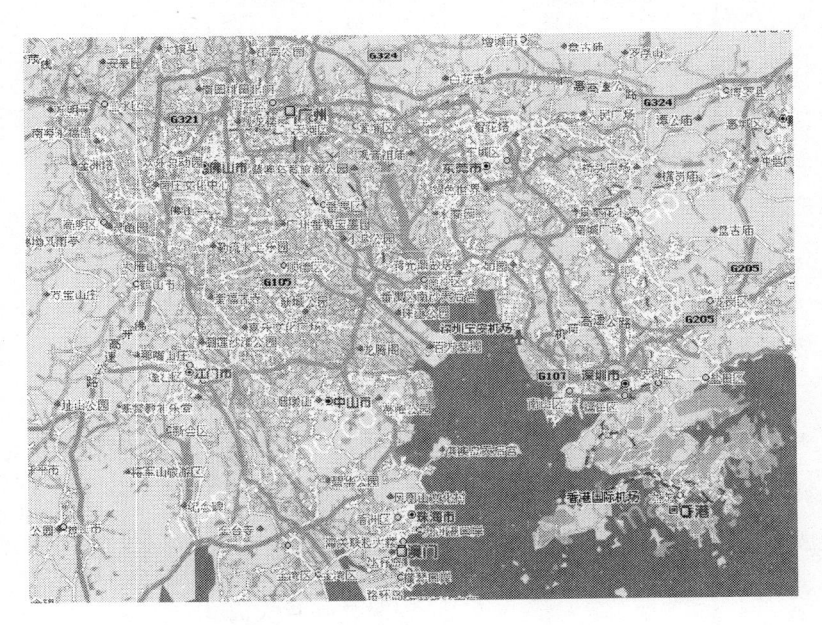

图 1 当代珠江三角洲聚落分布

刘志伟（1955— ），中山大学历史系教授。任教育部人文社会科学重点研究基地中山大学历史人类学研究中心主任、中山大学亚太研究院常务副院长、中国社会史学会副会长、中国经济史学会理事、广东历史学会副会长、教育部历史教学指导委员会委员等职。主要从事中国社会经济史、明清史、历史人类学的研究，出版《在国家与社会之间——明清广东里甲赋役制度与乡村社会》等论著多种。

角洲成陆非常缓慢,图2呈现的珠江三角洲在汉代基本上还是一个海湾的状态,一直延续到大约1 000年以前(图2)。古代珠江三角洲是一个很大的海湾,中间分布着成百上千个海岛。这是我们讨论之前需要先了解的一个事实。元朝的时候有人这样描述这一片区域:

"番禺以南,海浩无涯,岛屿洲潭,不可胜计。其为仙佛所宫者,时时有焉。未至香山半程许,曰浮虚也,山虎踞而凤翥,钟悬而磬折。苍然烟波之上,四望无不通。方空澄而霁,一望千里,来船去舶,擢声相闻,及微风鼓浪,喷薄冥迷,舟望山咫尺,若若不可到。"(邓光荐:《浮虚山记》)

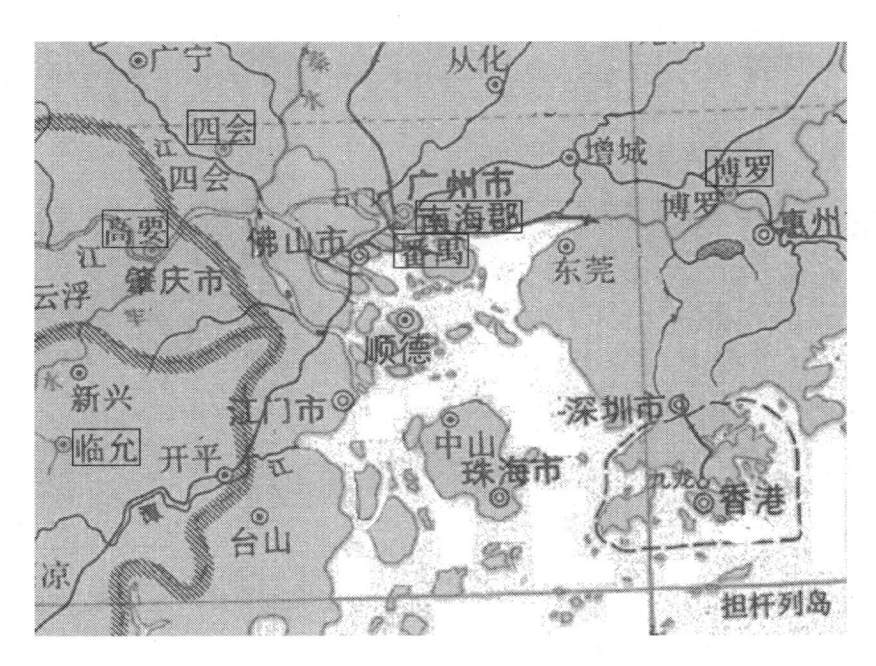

图 2　汉代珠江三角洲海陆分布
(谭其骧主编《中国历史地图集》)

这段话所描述的这个区域,今天已经成为陆地,但在这片陆地上的一些山丘,我们还可以看到原来是海岛的痕迹,在今天珠江三角洲的一些山边,我们还可以看到海蚀的遗迹,非常清楚。上述描述所说的番禺不是现在的番禺区,而是今天的广州市区。从这段文字所用的这些词可以看出,现在的广州市区以南,在当时是一片大海。

我们再来看看当代珠江三角洲的聚落格局。今天如果我们要进行实地考察,从广州市中心出发,由北向南穿过珠江三角洲(图3),可以走几条不同的路线:一条为G325国道或佛开/新台高速公路,沿途我们要经过的大多是丘陵、台地,所见的乡村聚落大多是数十户聚居的乡村;第二条可以走G105国道,经过的是早年河口冲积而成的平原,沿途看到的是非常大的由上万乃至数万人户聚居的聚落;这些聚落今天大多已被城市化,构成珠江三角洲城市群的重要组成部分。第三条线是从南沙港快速路转京珠高速公路,经过的是珠江三角洲的新冲积平原,沿途跨越一条又一条宽阔的水道,在外地人看来是一条一条的江河,而当地人至今仍称这些水面是"海";这个区域的聚落全部是沿堤圩(本地人称"基围")与河涌而建的条状村落,沿三条不同的路线所见的景观完全不一样,呈现出珠江三角洲区域格局的基本面貌。

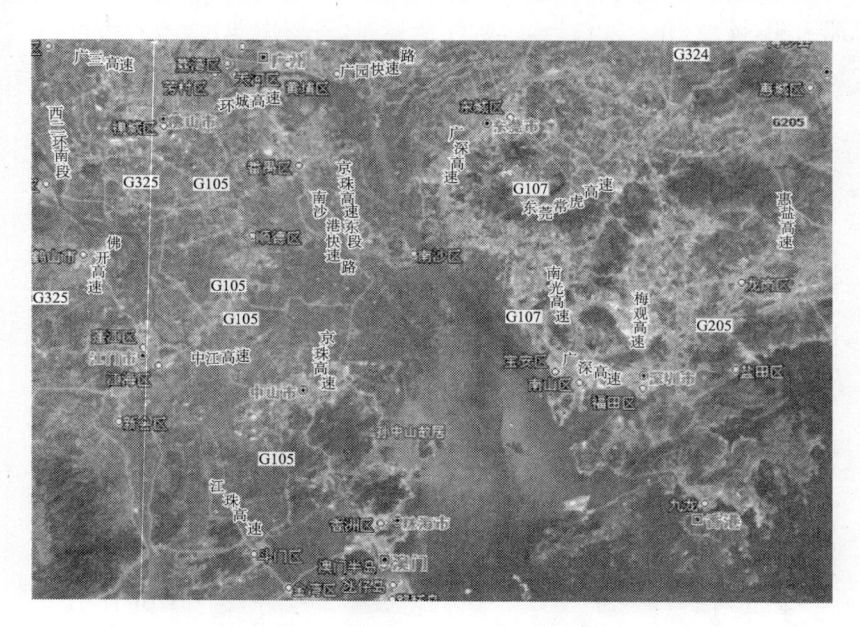

图3 当代珠江三角洲公路分布

要认识这样一个由不同的聚落格局所体现出来的区域结构,需要从其社会文化历史的过程去了解。在这里我们不可能做太多的学理上的论证,只想请大家注意一个简单的现象:请看图4,这是一张1990年代的珠江三角洲地图。地图中紫色的块呈现的是大的聚落,它们构成了珠江三角洲的城市群。除去广州、香港、澳门几个大都市外,我们也暂且不讨论珠江口东侧沿广深高速分布的聚落群,因为它们基本上是改革开放以后形成的,它们的历史发展过程需要放在广州、香港、深圳的大都市发展背景下去讨论。除去以上几个聚落群之后,让我们来看一看珠江三角洲腹地的聚落分布,最引人瞩目的是沿"东莞—虎门—莲花山—番禺—顺德—容桂—小榄—江门"分布的聚落群带,再加上中山城区附近的聚落群。在当代,这个聚落群带是珠江三角洲乡村工业化的核心区,改革开放以来,除了两个经济特区和广州、佛山这样的大城市以外,珠江三角洲工业化首先就是在这个聚落群带展开的。

这个聚落带实际上也就是我们刚才所讲的由北向南穿越珠江三角洲的第二条路线经过的地方。如果我们把目光延伸到500多年前,可以发现,这个聚落带就是明朝初年在珠江三角洲

图 4　1990 年代珠江三角洲聚落分布
（深灰色地区为聚落建成区）

大规模设置屯田的地带。这种空间布局上的吻合，绝对不是偶然的。首先，我们可以由此推知，珠江三角洲近代城市化和工业化是在这些明初开始形成的聚落中开始的。但是，我们的兴趣不在于说明这些聚落发展的历史起点，而在于了解这些分布在明初屯田区的聚落，是如何在500多年的历史中，稳固地控制着珠江三角洲的政治、经济和文化资源，使得在地区拓殖和商业化过程中形成的财富，高度聚集在这些聚落中，并有效地阻止了珠江三角洲其他区域发展出可以挑战其权力地位的聚落群，从而形成了独特的、鲜明层级化的聚落格局的。

为了让各位对所谓的鲜明层级化的聚落格局有一个直观的了解，我想通过以下几张图片来做一个呈现。图 5 至图 7 是上面所说的控制了地区资源的大聚落，图 8 至图 10 是没有资源控制权的沙田区聚落。

图 5 至图 7 显示的是块状聚落。几百年来，珠江三角洲的大部分资源和财富都集中控制在这些聚落的居民手上。村落里面建有很多美轮美奂的宗族祠堂和庙宇，以及古老的街道、民居。而图 8 至图 10 显示的是条状聚落，在村落空间形态上与前一种聚落完全不同。

图 5　中山小榄镇遥感图(图中建成区面积远大于农田面积)

图 6　番禺沙湾镇(左上远处为新建筑,右下前面为相对老的建筑)

图7　番禺沙湾的大祠堂建筑

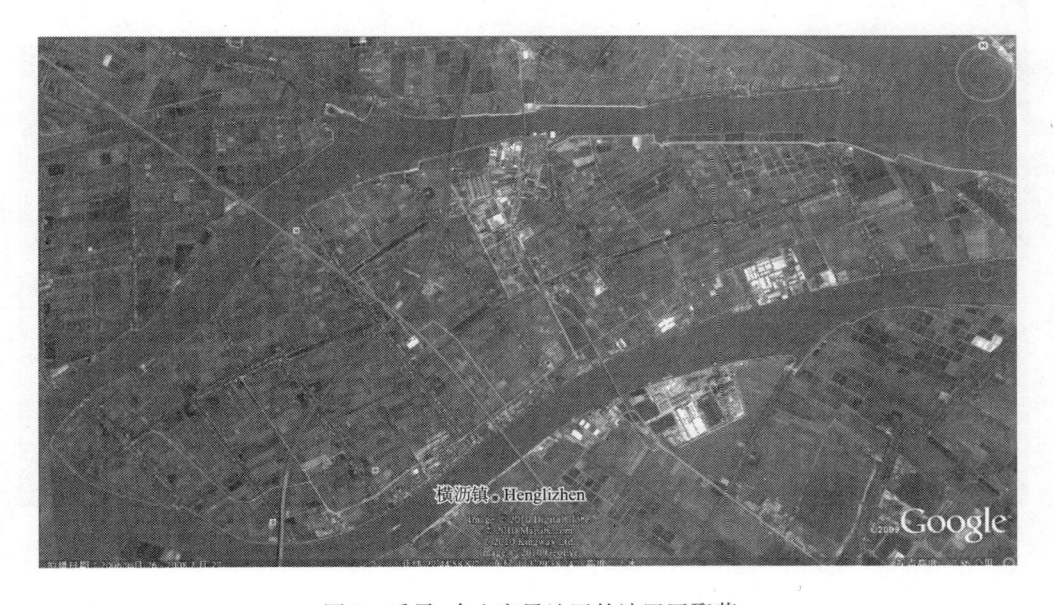

图8　番禺、中山交界地区的沙田区聚落

图 9　番禺沙田区聚落景观（图中堤圩清晰可见）

图 10　沙田聚落中的住宅建筑（沿河涌分布的乡村建筑，其后新建筑隐约可见）

在条状聚落里,用砖瓦建的房子是最近十多年才有的。如果我们在1990年代中期以前到这些聚落去看,大部分还是用树皮甚至茅草搭起的寮,沿河堤搭建。图10中是一个小小的码头,停着的一艘小艇是居民主要的交通和生产工具。这些照片都是2008年才拍的,并不古老。河涌远远看过去很长很长,有的村甚至有十几公里长。

我要说明的是,不要认为条状村落与块状村落是截然不同的两种聚落类型,块状聚落其实也是在条状村落基础上形成的。基本的方式是,随着时间的推移和定居人口的增加,从开始在水边搭建的房子向里面延伸,就形成现在建筑学家所讲的"梳子形"聚落:梳把是最早期的条状村落,往里面延伸形成了梳齿,逐渐就形成了块状的村落。我特别提出这一点,是想强调:就聚落形成和扩展的自然过程而言,珠江三角洲这两种聚落类型的区别,其实本来只是聚落扩展中的不同阶段而已,并不是基于文化类型的区分。这样我们就可以进而引出一个问题,就是这两类聚落为何在分布上呈现如此清晰和凝固化的空间区分?两类在形态发展逻辑上本来具有连续性的聚落,为何在几百年间凝固成为文化与社会分界的标志?

要解释这样一种空间格局的社会过程,需要讨论相当复杂的历史问题,在这里不可能展开。我想,也许民国时期新会士人卢湘父的这段话,可以为我们提供一点启示:

"在南宋咸淳以前,潮连仅一荒岛,渔民疍户之所聚,蛮烟瘴雨之所归。迨咸淳以后,南雄民族,辗转徙居。尔时虽为流民,不过如郑侠图中一分子。然珠玑巷民族,大都宋南渡时,诸臣从驾入岭,至止南雄,实皆中原衣冠之华胄也。是故披荆斩棘,移风易俗,而潮连始有文化焉。夫民族之富力,与文化最有关系。地球言文化,必以河流;粤省言文化,当以海坦,古世言文化,必以中原礼俗;现世言文化,必以濒海交通。我潮连四面环海,属西江流域,河流海坦,均擅其胜。以故交通便利,民智日开。宜乎文化富力,与日俱增。试观各姓未来之前,其土著亦当不少,乃迄今六百年间,而土著不知何往。所留存之各姓,其发荣而滋长者,大都珠玑巷之苗裔也。"(卢湘父:《潮连乡志》序)

这段话牵涉到珠江三角洲历史的时间、空间和社会过程的关系。在这里,我们没有时间展开解读其中的时间关系,但这段文字里面有几个关键词值得注意。这几个关键词分别是:"荒岛"、"渔民疍户"、"中原衣冠"、"海坦"、"濒海交通"、"土著"、"各姓"。下面我想围绕这几个关键词作一点概括的讨论。

七八百年前,珠江三角洲还是一个分布着无数岛屿的海湾,这里的土著大部分是渔民疍户。后来,这个海湾逐渐冲积成陆。珠江三角洲的成陆模式并非简单的河口向外延伸,而是河口冲积与岛屿周边泥沙积聚相结合的过程。明代有一个南海人霍韬,描述了珠江三角洲独特的冲积成陆模式:

"先年五岭以南皆大海耳,故吾邑曰南海,渐为洲岛,渐成乡井,民亦蕃焉,南海阖邑皆富饶沃土矣。今也,香山、顺德,又南海之南,洲岛日凝与气俱积,亦势也。"(霍韬:《霍文敏公渭

崖文集》卷 10《两广事宜》)

这里说到的先南海后香山、顺德的成陆顺序,是河口推移的过程,但同时这个过程又是以"洲岛日凝"的方式实现的。在这种模式下,珠江三角洲成陆的过程对原来生活在这里的土著最直接的影响,是生存空间的生态环境的改变,以及由此导致的生计方式的改变。

在珠江三角洲大还是一个岛屿星罗的海湾时,生活在这里的土著基本上是水上居民,他们的生存空间是一个水上的世界。随着这些海岛周边的水面慢慢淤积成为陆地,他们生存所依赖的水面空间越来越收缩,同时陆地的空间越来越扩大,他们的生计逐渐由渔业转变为农耕(多数情况下是渔农相兼),他们的生存空间也逐渐向陆上转移。以研究广东、福建宗族而闻名的人类学家弗里德曼曾经提出一个非常简单而重要的问题:"当水上人上岸居住以后,又会发生什么变化呢"? 我以为这是我们理解明清时期珠江三角洲聚落空间与社会结构的一个非常重要的核心性问题。

随着冲积成陆的空间的扩张,水上人上岸以后,由渔民变成农民,由船居转为定居。开始时是在田边搭建寮,定居下来之后,久而久之,就形成聚落;由条状聚落逐渐变成梳子状的聚落。但如果变化只是这样一种生存状态的自然过程,就不会形成我们今天看到的这种聚落空间格局了。要理解这个格局,就不能忽视文化与社会范畴的空间营造的过程。既然上岸定居形成聚落,聚落的人群之间就会发生相互交往的关系,就有社会组织系统的变化,这种变化所形成的秩序,就要通过一定的仪式行为规范起来。他们接受什么文化传统来组织他们的社会呢? 这个时候,我们研究的视野就需要从历史过程去展开。我们要考察的问题,一是地方上各种信仰和仪式传统的传播,仪式专家的介入;二是王朝国家权力和礼仪制度的介入;三是本地人如何在自己的生活中创造新的仪式传统。这些过程,首先是在本地人的历史活动中展开的;其次也同王朝国家的政治过程和文化变迁过程紧密联系起来。

因为时间的关系,我不可能向大家详细讲述过去 500 多年间这些过程是如何在珠江三角洲展开的。简单地说,原来这里的土著大多是生活在王朝秩序之外的水上居民。明朝在这里建立起王朝统治的秩序,通过收集为军,通过设立卫所屯田,使他们成为王朝的编户。明初的时候,珠江三角洲有大量水上人成为明朝卫所的屯田均户。后来,过了不到 100 年,随着明王朝在这个地区控制力的减弱,发生了大规模的黄萧养之乱。明王朝平定叛乱之后,一方面通过户籍登记,重新把这些土著居民编制起来;另一方面更通过教化和礼仪标准化等种种措施,在地方上建立起王朝正统的文化认同。经历一个复杂的历史过程之后,这里的土著渐次成了有"中原衣冠"来历的"各姓"。在这些早期定居并形成聚落的人群中,涌现出一批士大夫,到了明代中后期,甚至出来了一批能够进入中央最高决策层的士大夫。他们在国家政治活动中做得最成功的一件重要的事情,就是在明代嘉靖朝的大礼议中支持嘉靖皇帝;同时他们在地方上积极建立起宗族的礼仪传统。

于是，那些在明代中期以前在主要明初屯田卫所分布地带定居下来的人群，在文化上逐渐建立起一种身份和权力上的优势，其中很重要的标志是宗族和正统神明信仰，以及祭祀的传统。依赖这些优势，他们得以成为可控制本地各种资源的人群。当他们获得这种资源控制权和文化优势之后，如何限制在三角洲不断扩展中由渔而农、由船居而上岸定居的其他人群获得同样的权力，就成为他们要面对的问题。于是，在上述历史过程中确立的社会和文化规范，就逐渐成为一种凝固的秩序。建立了宗族的"各姓"，垄断着正统神明信仰的村落，由于制造了"中原衣冠"的身份，就同那些"非人类"的渔民疍户之间划清了界线。三角洲后期成陆的土地资源也就牢牢控制在这些大姓手上。后来上岸定居的人，也要仿效大姓的方式，以改变自己的身份，改变同王朝的关系，并获得同样的资源控制权力；这样他们面对的历史处境就完全不同了。但不是所有人都一定能这样，因为这个时候的资源争夺使得早期通过这些方式定居下来并获得文化资源的人，需要建立一些非常特别的社会秩序和各种文化规范，来限制后续上陆的人获得同样的机会。所以我们看到的两种完全不同的聚落形态空间也就成为一种固定的格局了。在这一过程之中，珠江三角洲的聚落格局形成了独特的"里面"与"外面"的观念，这种观念构成了珠江三角洲空间格局的基本形式；而在聚落形态上也形成块状、条状的区分。从空间的分类到聚落形态的分类，我们还可以延伸到族群的分类，再到社会等级的分类，都在这一过程里面形成。

时间到了，我就讲到这里。谢谢。

周尚意：我今年在台南参加了一个工作坊，在那里有幸听到刘志伟教授介绍他在珠江三角洲所做的聚落研究。他的研究引起我很大的兴趣。今天他的报告与他在台南的报告虽然在内容上有一定的重叠，但是我今天又学到了许多新的东西。从台湾回来，我针对刘教授在工作坊的报告写了一个读后感。依我地理学者的观察视角，刘教授的研究大致包括了三个人文地理学空间。第一层空间是生产、生活空间。珠江三角洲的生产、生活空间与珠江三角洲的河口地貌有直接关系，自然的地貌空间差异将生产和生活空间分成两个区域：一片区域是原来陆地分布的区域，这里是老聚落的核心区，也是珠江三角洲经济的中心区；另一片区域是新生长出来的沙田地区，这里也是经济中心区的附属区。历史时期形成的这种空间格局，成为我们理解珠江三角洲改革开放后的经济空间联系的基础。第二层空间是社会空间，它由生产、生活空间所决定。珠江三角洲的社会空间也分为两个部分：第一部分是位于老陆地的大户，第二部分是位于沙田的疍民。这两部分之间的彼此依赖，是珠江三角洲地区社会空间互动的基础。第三层空间是文化空间。位于沙田的疍民通过各种信仰仪式，认同于汉民文化，最后在珠江三角洲形成一个空间上一体的文化区。我将这个读后感与赵世瑜进行了交流，他认为这样的理解太肤浅了，甚至可以说是误读。那么今天有机会向刘教授当面请教，请刘教授指出我从三层空间来理解他的研究是否正确。我今天听了刘教授的报告有一个新的体会，即文化空间的演变要回归到社会空间，最终的目的是为生产、生活空间争夺资源。

我不想占用太多的时间，今后有机会再向刘教授请教。下面请第三位主题发言人郑振满教授做报告。

莆田平原的聚落形态与仪式联盟

郑 振 满

(厦门大学历史学院)

不好意思,我是第一次参加地理学的会议,也不了解你们的沙龙,所以我原来也不知道这里水有多深,现在感觉是班门弄斧。刚才陈春声和刘志伟都讲了一个区域的聚落形态的历史变迁,都引用了很多历史资料,讲了一个有故事的空间过程。现在我要报告的是正在做的一个课题,是我和加拿大麦吉尔大学丁荷生教授一起合作的研究计划。这个课题已经做了许多年,大概最早是从 1993 年开始,最近有了一个初步的成果,一个英文的调查报告就要出版。但是我们的计划还没有完成,原来想解决的许多问题到现在也还没有结论,所以我想借这个机会,向各位地理学家请教,希望帮我们找到更好的思路。

我们要研究的问题,是想通过考察莆田平原的仪式联盟,探讨宋代以来区域社会文化的演变过程。图 1 是我们研究的区域,图中的区域基本上是在莆田沿海平原,大约位于福建沿

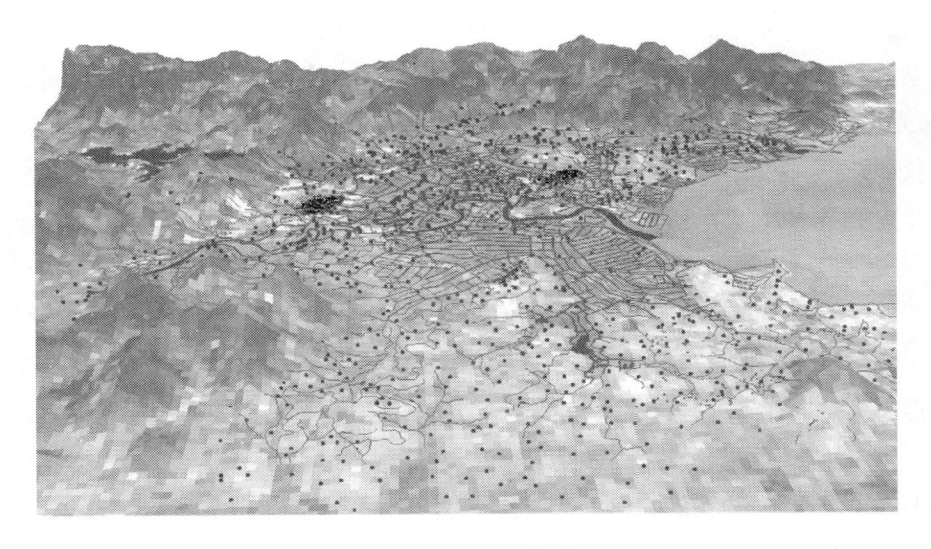

图 1 莆田平原鸟瞰

郑振满(1955—),福建仙游人。1980 年毕业于厦门大学历史系,1989 年获历史学博士学位。现任厦门大学历史系教授、民间历史文献研究中心主任,博士生导师。主要著作有《明清福建家族组织与社会变迁》、《福建宗教碑铭汇编》、《民间信仰与社会空间》、《乡土中国:培田》、《乡族与国家:多元视野中的闽台传统社会》等。

海中部,台湾海峡的西岸。这里在历史上属于兴化府莆田县,现在属于福建省莆田市。实际上我们原来的研究计划所覆盖的空间范围更大,包括木兰溪流域的河谷地带,一共有1 500多个村庄。我们现在已经完成调查报告的村庄都在沿海地区,大约有800个村庄。在这些村庄,我们找到了3 000多个庙,每个庙都有各种不同的神,每年都要为这些神举行各种不同的祭祀仪式。这些仪式实际上代表了不同人群之间的联盟,我们特别感兴趣的是跨村落的仪式联盟。

我们当初提出这个研究计划,主要是对人类学家的社区研究不满意。他们研究的社区一般是以村庄为单位,找到一个村庄就开始讲他们的故事,讨论中国社会和文化的特质。他们这么做的结果,是经常出现用一个村庄的例子去反对另一个村庄的研究成果,所以会出现五花八门的解释。但是我们知道中国有各种不同的村庄,这些村庄有不同的空间位置、不同的社会结构、不同的文化传统、不同的历史经验,等等。我们以前年轻的时候喜欢跑田野,从1984年以后每年都有好几个月的时间在乡下跑,一起去过很多地方。我们发现每个地方都有各种不同的村庄,每个村庄都会受到周边村庄的制约和影响,因此,关键是要研究不同村庄之间的相互关系,而不是孤立地去看一个村庄。所以我们在设计研究计划之初想提出的问题,就是应该从研究聚落形态和聚落关系入手,把社区研究转变为区域研究。

我们这个计划的主要目标,就是利用历史文献和田野调查资料,建立莆田平原的历史人文地理信息系统。我们希望,这个系统可以综合反映生态、经济、社会、政治、文化等多重空间的互动过程。因此,我们在每个自然村都收集六大类资料:首先是定居的时间和行政归属;其次是生态特征和生计模式;第三是家族发展和人口规模;第四是庙宇系统和崇拜对象;第五是仪式活动和仪式组织;第六是仪式专家和相关文献。在这个基础上,我们建立了莆田社会文化史的基本数据库,然后把数据库和电子地图连接起来,做成了我们自己的地理信息系统。现在我们可以利用这个系统,把我们收集到的各种资料都放到地图上,也可以把我们希望了解的资料都表现在地图上。这个系统帮助我们从空间关系思考历史过程,也帮助我们发现了许多以前没有想到的问题,这都可以说是地理学对历史学的贡献。不过,我和丁荷生教授都不是学地理出身的,我们对地理学的认识还很肤浅,所以走过很多弯路。这个系统已经做了很多年,到现在还没有真正完成,有很多问题还没有办法说清楚。下面我想展示一些有关的地图,介绍一些我们的初步认识。

这是莆田平原的卫星照片(图2)。大致说来,莆田平原最初是一个海湾,有几条河流从西部山区流入这个海湾,不断带来泥沙,逐渐形成了河口冲积平原。

莆田平原的大规模开发是从唐代中叶开始的。根据历史文献记载,唐代在莆田设立了一些屯田机构,围垦沿海的土地。当时主要是在沿海的山边修筑一些很大的蓄水池,灌溉新

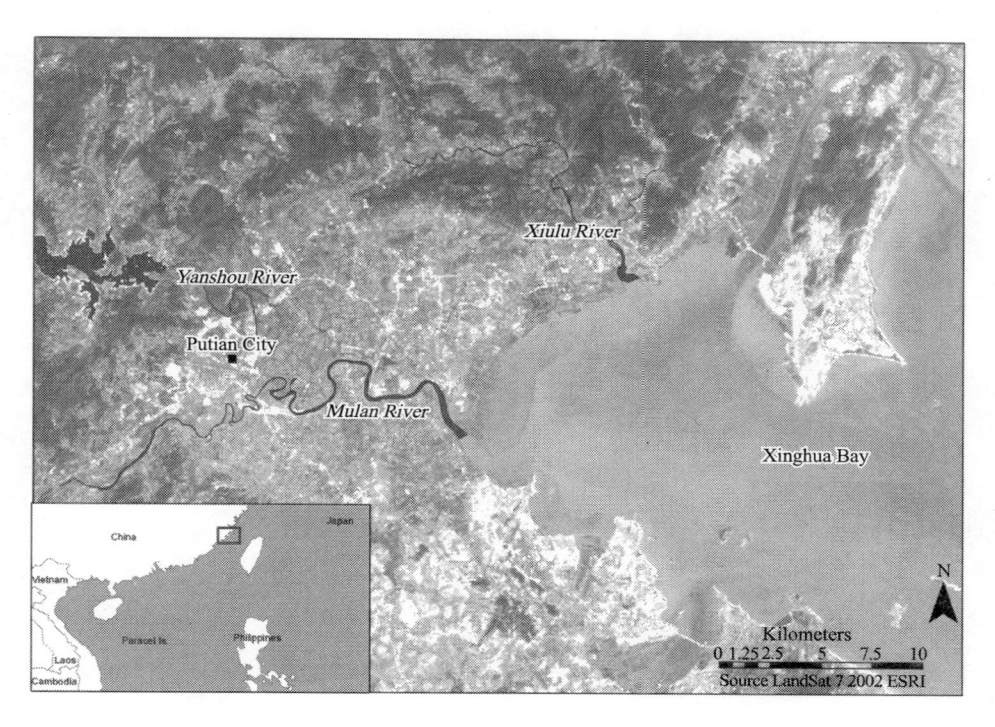

图 2 莆田平原及其主要河流

开垦的盐碱地。到了五代和北宋时期，陆续在几条主要的河流上修建拦河坝，又在沿海修筑堤坝，进行大规模的围垦。到南宋以后，水利灌溉系统不断完善，沿海的堤围不断外移，莆田平原也就不断扩大了。下面是不同历史时期莆田平原的示意图（图 3 系列）。

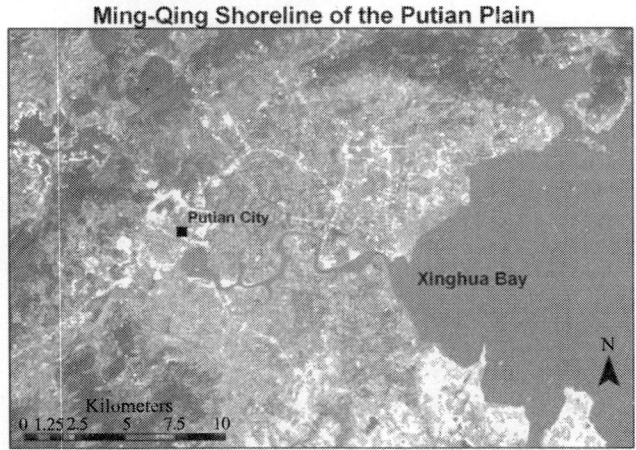

图 3 唐以后莆田平原的变迁

在莆田平原的开发过程中,聚落形态也不断发生变化。早期的聚落主要分布在靠山的地带,后来随着水利灌溉系统的发展,沿着纵横交错的水沟和堤围,形成条状和带状的聚落群。从聚落的发展过程,可以非常清楚地再现水利建设的过程和生态环境的变化。这是我们已经了解的唐以后历代聚落分布图(图4),图中的方形是唐代的聚落,三角形是宋代的聚落,圆形是明代的聚落,星形是清代的聚落,菱形是近代形成的聚落,还有一些聚落形成的年代不明。

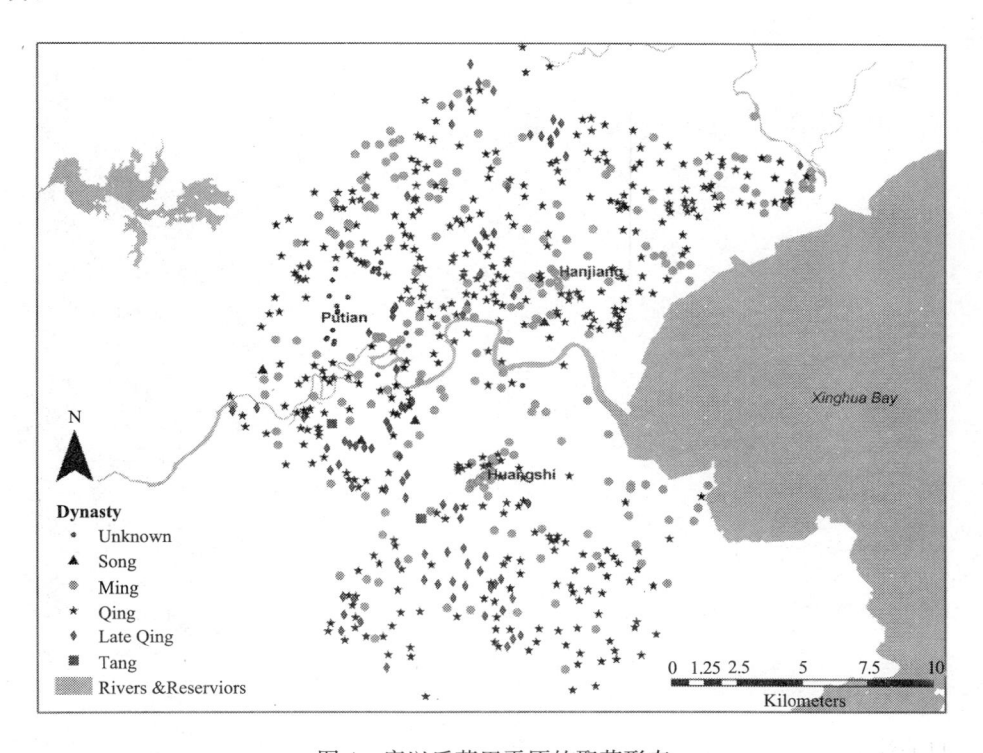

图4 唐以后莆田平原的聚落形态

我们非常庆幸,在这个地区可以找到很系统、很完整的历史资料,依据这些资料,我们基本上可以搞清楚每个时代的聚落形态。现存的最早的地名资料是宋代的,然后在明代和清代都有很完整的自然村一级的地名资料,这些地名和现在的村庄基本上都可以对得上。我们现在可以很具体地再现每个时代的聚落发展过程,差不多可以看出每隔50年的变化。

在重建聚落发展史之后,我们的重点是找出影响聚落关系的各种因素,特别是水利、政区、家族、械斗和仪式联盟的空间分布。这是关于水利系统的分布图(图5)。莆田平原可以分为三大水利系统,木兰溪以南称"南洋",木兰溪以北称"北洋",另外还有东北角这个独立的水利系统叫"九里洋"。每个水利系统都有各自的枢纽工程、灌溉系统与沿海堤围,在每个系统内部还有各种大小沟渠、闸门等水利设施,所以还要再分为各种不同层次的小系统。在同一水利系统中的村落，必须共同维护水利设施，共同分配水源，共同抗洪排涝，有时还要共同和周边的村落争水源、打官司，因此，他们实际上就是一个水利共同体。在莆田沿海平原，水利是最重要的生态资源，不但会带来合作，也会带来竞争，历来是影响聚落关系的最重要因素。

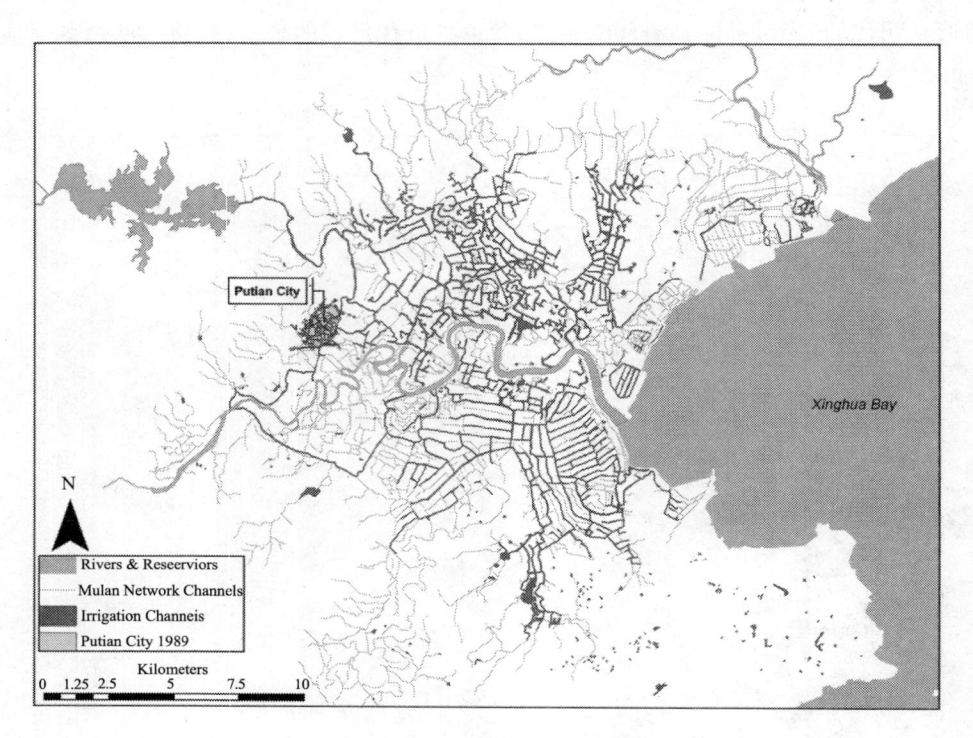

图 5　莆田平原的水利系统

我们关注的第二个问题是行政区划。我们对以前的历史地图很不满意，因为这些地图一般只画到县一级的政区，完全不考虑县以下的行政系统。但是对区域社会文化的发展来说，县以下的行政区划才是最重要的。我们利用地方志和实地调查资料，重新确认了宋代以后的各级政区。大致说来，宋代形成的主要是"乡"和"里"一级的政区，明代前期主要是"里甲"系统，后来又形成"铺"一级的政区，一直延续到民国时期。我们找到的最好的一个资料，大概是清代乾隆时期形成的"铺境"清册，里面详细记载了莆田县各"里"、各"铺"所属的村庄。我们根据这个资料复原了清代莆田县"里"和"铺"的政区图（图6）。这个政区图对我们理解传统时代的聚落关系是很重要的，因为当时政府主要依靠"里"的系统收税，依靠"铺"的系统派差。因此，属于同一"里"、同一"铺"的村庄必须共同承担对国家的义务，通常也要共同维护社会治安、举办文教慈善事业和举行宗教仪式，这些对聚落关系都有深刻的影响。

我们关注的第三个问题是家族。莆田历史上的家族组织非常发达，大概有几十个世家

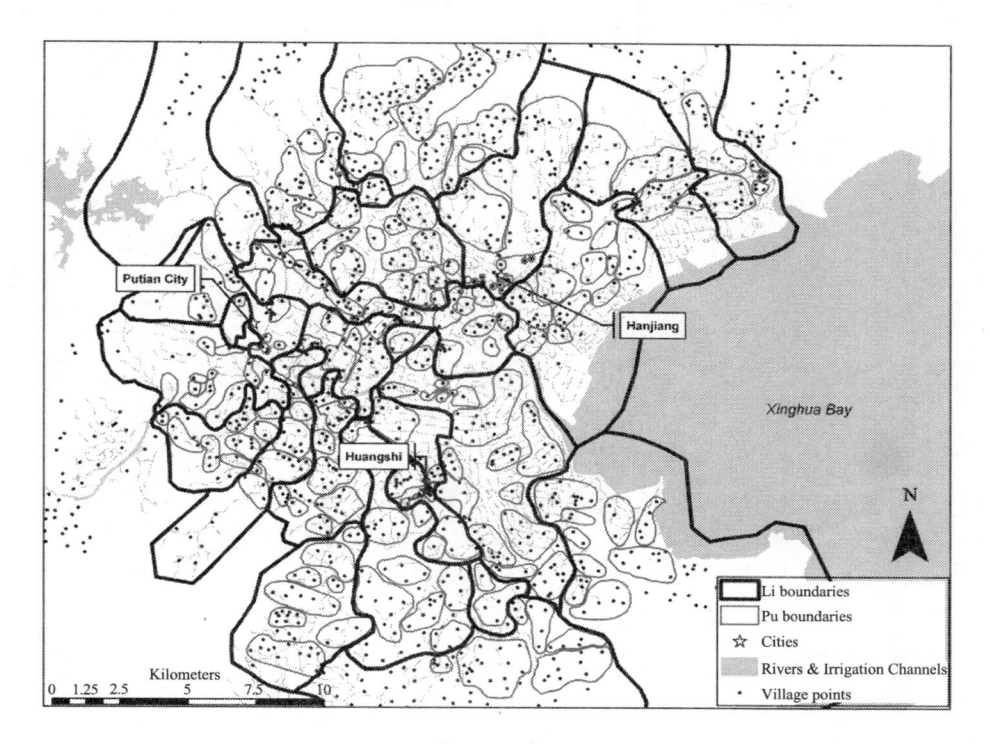

图 6　清代莆田平原的"里"和"铺"

大族,对地方社会文化的发展有很大的影响。这些世家大族的共同特点,就是历代都出了很多政府官员和科举人才。根据地方志的记载,从宋代到清代,莆田和仙游两个县一共有1 700多个进士,还有为数更多的举人,可以说人文是非常发达的,所以很早就号称"海滨邹鲁"、"文献名邦"。但是如果从地图上看,这些进士和举人实际上只是集中在几十个大家族,大约分布在50个左右的村庄。图7是明代莆田的主要世家大族和进士、举人的分布图,其中三角形代表进士、圆圈代表举人、图形大小代表人数多少。我们还有历代牌坊的分布图、同姓村落的分布图。从这些地图可以看出世家大族如何利用土地关系、市场网络和文化权力,来控制和影响周边的村落。

第四个问题是乌白旗械斗,这是影响聚落关系的一个最直接的因素。大约从清代嘉庆、道光年间开始,莆田平原开始出现大规模的分类械斗,这个问题一直延续到民国时期,甚至到现在都没有解决。乌白旗械斗的基本状况是,同一个地区的村庄分为乌旗和白旗两大派别,到械斗的时候,属乌旗的村庄帮助乌旗,属白旗的村庄帮助白旗,所以每次械斗都会波及很大的范围。还有一些村庄平时不属于乌旗,也不属于白旗,号称"红旗",名义上是中立的,可是到械斗的时候可能帮助乌旗,也可能帮助白旗,实际上一般也会卷入械斗,是两边都要争取的同盟者。图8是莆田平原乌白旗村庄的分布图,从图中可以看出,除了城镇地区和少

32　地理学评论

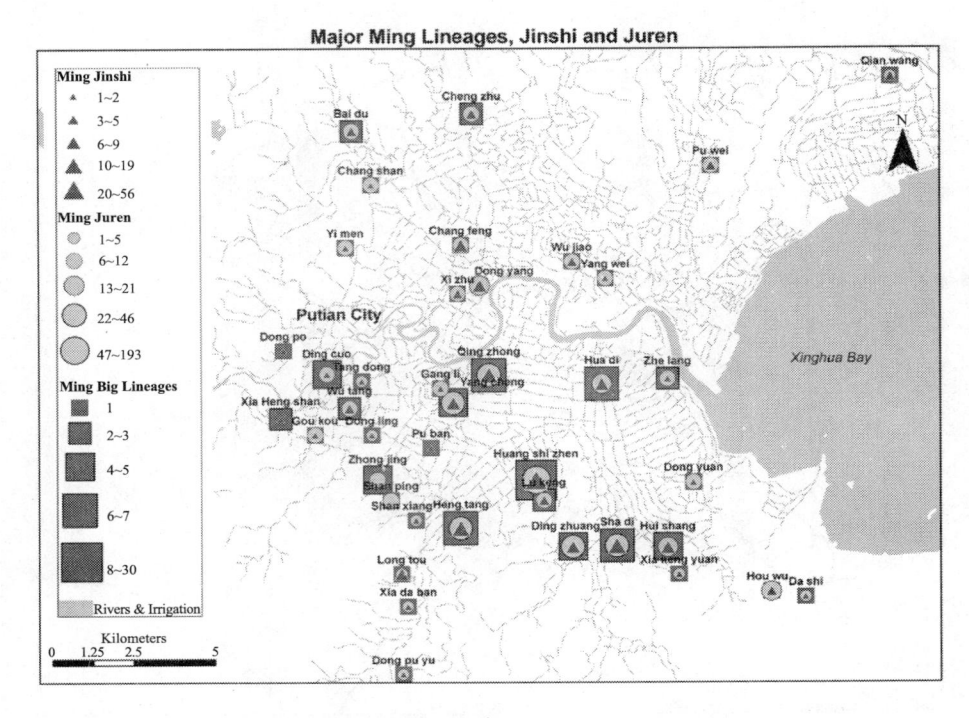

图 7　明代莆田平原的世家大族和进士、举人分布

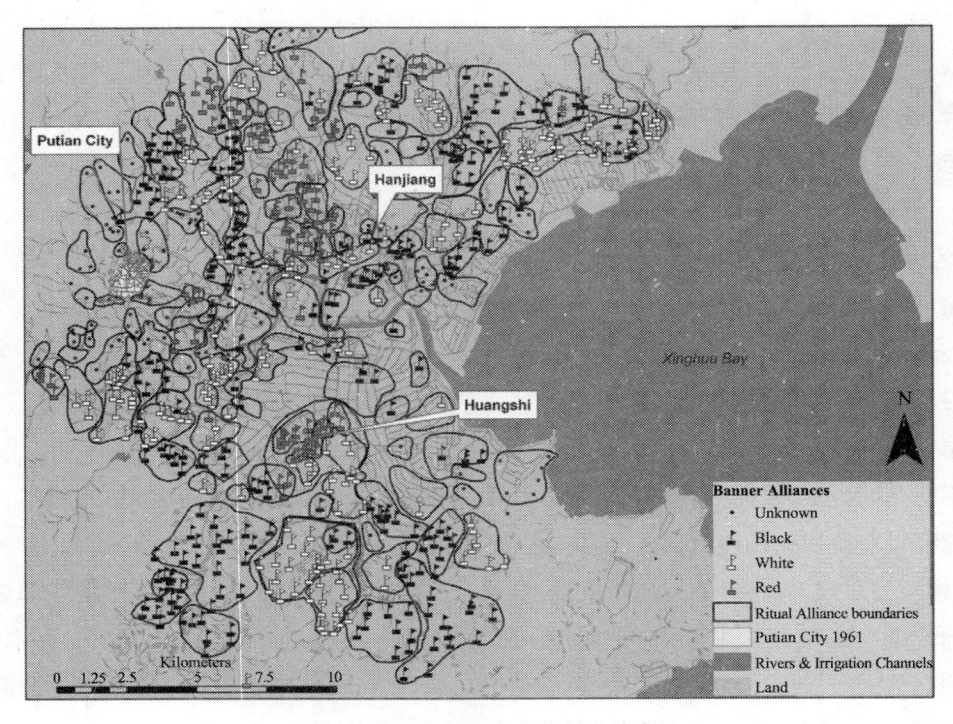

图 8　莆田平原的乌白旗村庄分布

数边缘村落之外，绝大多数的村庄都卷入了乌白旗械斗。这种分类械斗反映了村庄之间的紧张关系，其背后的起因是非常复杂的，但根源都在于对生态资源的争夺，也可以说是地缘政治问题。

最后一个问题是村庄之间的仪式联盟，这是我们最近要出版的主要成果。我们在莆田平原一共找到了150多个仪式联盟，在当地叫"七境"（图9）。所谓"境"是指一个"社"的领地，"七境"的本意就是七个"社"的联盟。"社"是明代"里甲"系统中的一种仪式单位，一般也叫"里社"，当然后来又有许多变化，几乎每个村庄或家族都有自己的"社"。现在我们找到的这些仪式联盟，大多是五到十个村庄组成一个"七境"，每个"七境"有共同的庙宇，每年一起游神赛会，一起庆祝神明诞辰。在这些"七境"之上，还有一些更大的仪式联盟，通常也有共同的庙宇和仪式，有时会涵盖整个水利系统。这些仪式联盟大多是在明清时代形成的，最早的可以追溯到明代前期，最迟的是在晚清和民国时期形成。我们有兴趣的问题是，为什么会形成这种仪式联盟？究竟是和水利系统有关，和行政区划有关，还是和家族关系、乌白旗械斗有关？或者说，在上述的各种地理空间之间，究竟有什么样的历史和逻辑联系？这是我们这些年一直在探讨的问题，不过现在还没有很明确的结论。

再说几句题外的话。在莆田平原，仪式系统是最重要的社会网络，所有人的身份、地位、权利、义务，都要通过庙宇和仪式系统来界定，所以有人称莆田的庙宇是"第二政府"。据说，

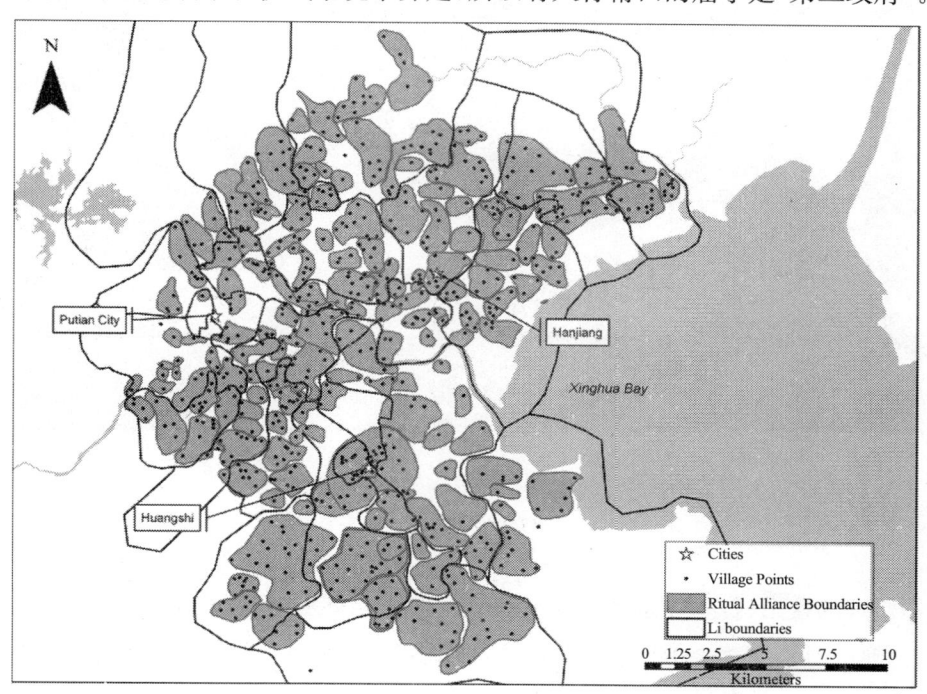

图9 莆田平原的"七境"分布

以前乌白旗械斗的时候,只要把庙里的神抬出来游,自然也就不敢再打了。民间发生纠纷的时候,经常也是到庙里去调解,大家在神像前赌咒发誓,矛盾就解决了。我们在田野调查的时候发现,有很多仪式联盟中都包含乌白旗两种村庄,但也不影响他们在一起做仪式。实际上,仪式联盟是一种社会合作机制,这种合作经常是可以超越竞争和矛盾冲突的,所以才有可能维持社会秩序的相对稳定和长治久安。利用神明信仰和祭祀仪式维持社会秩序,可以说是中国的一种传统文化,也可以说是民间的政治智慧。这几年我们去东南亚跑,发现海外华侨也是利用庙宇系统维持群体认同。所以我们的研究计划现在已经扩大到东南亚的莆田人社区,这里是莆田一个黄姓村庄的海外庙宇的分布图(图10)。

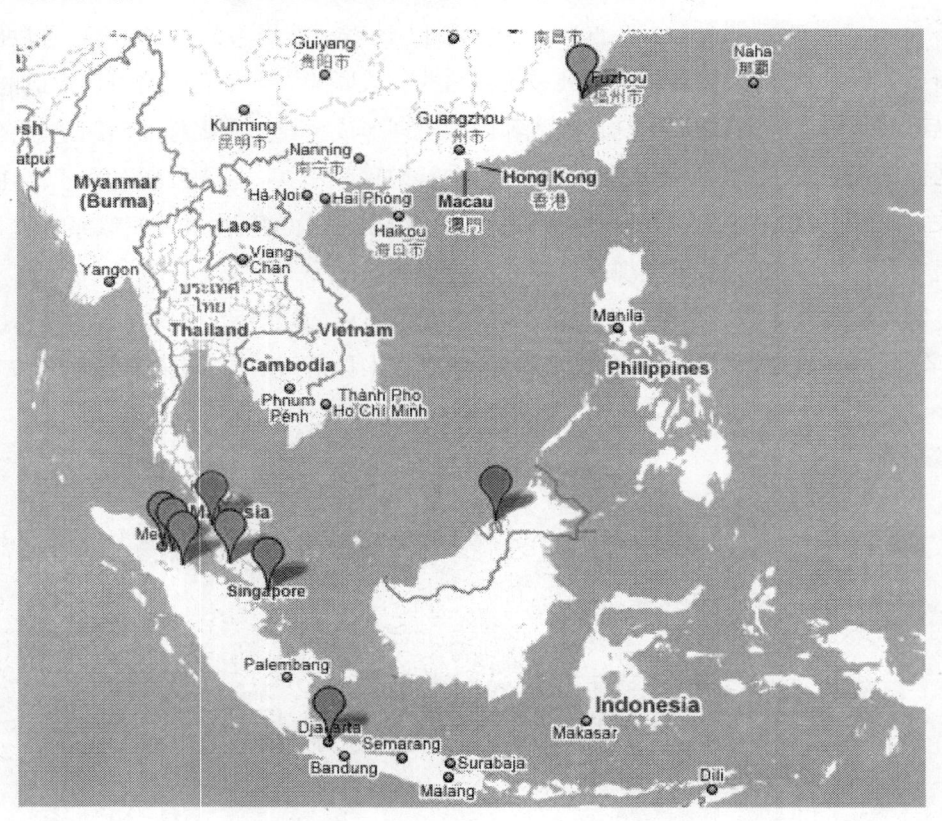

图 10　莆田石庭黄氏海外庙宇分布

(图中水滴注记为庙宇)

　　我们研究的这个村庄,在国内有 10 000 多人,在海外有 20 000 多人,主要分布在新加坡、马来西亚、印尼、文莱。他们在海外的居住形态基本上是大分散、小集中,在每个城镇一般都有几百人,最多的城镇有 3 000 多人,而且主要都是从事交通行业。在海外,他们很难依赖国家政权的保护,还要和当地的其他族群竞争,所以特别需要团结互助。他们维持团结的主要办法就是建庙,做仪式。这原来是从老家带出去的传统,现在又有了许多新的发明,而且这几年又传回老家来。在我们研究的莆田平原,这些年有许多华侨回来建庙、做仪式,对当地的文化复兴和传统再造发挥了很大的作用。这就是吸引我们去东南亚跑的主要原因。

总的说来,我们的计划是想把空间的概念引入历史过程的研究。我们关注的地理空间包括生态的、行政的、社会的、经济的、文化的,是多层次的、流动性的空间。我们也关注各种不同地理空间之间的相互制约和影响。当然,我们现在还无法做出深入的、系统的解释。我们现在已经取得的成果,主要是三方面的:首先是关于150多个仪式联盟的调查报告,很快就会出版;其次是大约800个村庄的调查资料汇编,包括村庄的历史概况和碑刻、仪式榜文、宗教文献之类的原始资料;第三是历史人文地理信息系统,现在基本上已经做出来了,我们希望能够很快上网,让各个学科的朋友都可以利用,一起探讨合作研究的可能性。此外,我们现在正在做的课题,是关于跨国文化网络的问题,这也是从莆田平原的研究计划中延伸出来的。

我就说这些。谢谢,请多指教。

唐晓峰:主持人分配我针对这个题目做评议,关于这个题目,我讲不出很多的话,今天听到的东西都是我不熟悉的东西,都是学习。

我想简单地就上面所听到的三个讲座,一并谈谈一般性的感想。首先,我觉得这些研究,尽管是历史学家做的,却都是历史学与地理学交融得很深的问题,当然还可以加上人类学、社会学等。事实本身不是学科,学科是肢解事实而得到的。所以做事实研究时,需要多学科的合作交融,抹去学科分野,回归时空现实,应该是这样。

社会事实或者事件自身的内涵包括诸多学科的内容,研究这些事情如果不考察时间过程,没有历史,就没有办法说清。同样,没有对前后空间伸缩变化和形态的展示,这些事情也说不清。要阐述、解释完整事实(而不是反过来,只是用片断事实证明学科),就必须是几个学科合力,才能研究出像样的结果。

上面的讲座都很精彩,讨论的问题是具体的,因此也是综合性的。可以看出,地理学在这样的研究中不能缺席,地理学的观察角度和分析方法不能缺席。这反映了地理学存在的必然性。在研究中,把历史学、地理学、人类学等结合在一起的做法,以后会越来越多。

我联想到美国的一些很好的地理学家,他们对问题的研究就是多视角的。比如索尔(C. O. Sauer),他自己的研究就融合了人类学、地理学、历史学,他把人文地理学与历史学融合得非常好,并且很善于借助社会学、人类学的方法。所以他在美国成为两个学科的代表人物,拥有两个身份,一个是文化地理学家,另一个是历史地理学家。作为文化地理学家,他是著名的文化地理学伯克利学派的鼻祖、领袖,推进了文化景观、文化生态研究的兴盛;作为历史地理学家,他与英国的德比(Darby,侯仁之先生在英国利物浦大学留学时的老师)齐名。在评论西方历史地理学的发展时,有学者说,在20世纪50年代,大西洋两岸各自出现引领性的导师,分别带动了英美两国历史地理学的大发展,在英国是德比,在美国是索尔。这样的地位是相当重的,说明索尔的地理学研究,重视文化、环境、空间,也重视时间、过程。

我今天听了三位历史学者的发言,觉得他们有一点像中国的伯克利学派。当然,中国与美国的历史不同、地理也不同。在北美,印第安人虽然有很长的历史,但他们对自然环境的影响相对来说不大;欧洲殖民者登上新大陆,环境才开始了快速的人文化。索尔主要是研究这些变化过程,因为起点是相当原始的自然环境,他才可以建立自己的研究模式,即从自然景观到文化景观的变化。这样的研究在我们中国不容易,我们找不到多少这样的样板区域,可以让我们从原始的自然景观作为起点,研究它的文化登场,考察文化景观的从无到有。除非回到新石器时代,从那个时代开始。这当然办不到。在中国,我们在多数情况下,只能选定某一个历史文化时期作为起点,研究从旧文化景观到新文化景观的变化。当然,伯克利学派的人也有这样做的。研究文化景观的变化,而且主要是基层社会、社区的生活景观(包括房屋、院落、田地、小路),是伯克利学派的特点。索尔本人几乎不研究大城市。就这些特点来说,上面三位的讲座内容,很像伯克利学派的东西。

研究时间中的变化,有不同的模式、不同的着手方法(approach)。用中文说,是研究历史变化,或者研究历史过程;用英文说是研究"change between time",或者研究"change through time",介词不同,意思不一样,一个是跨越,一个是穿越。比较起来,研究过程是比较好的,也是比较难的。我觉得上面三位讲的景观变化,步步进展,都是变化过程,很有意思,很有文化地理学的水平,虽然他们不把自己看做文化地理学者。

过去开各种历史地理讨论会,常常遇到这样的情况:对所研究的问题做分析时,很热闹,但一归到结论,却原来是一个常识性的东西。有人就会问,说你们这样的研究得到的是常识性的结论,那么研究的意义在哪儿?比如说研究聚落,会论证它的背风、向阳、"高毋近旱,低毋近水"(不高不低)等"原理"。这些"原理"不用花大力气研究,这都是起码的经验,不用说人,动物做窝也有这个水平。我一直觉得,《管子》中的那句话被引来引去,说是东周时期重要的城市规划"理论",有些过头。管子的话,反映的是长期存在的经验知识,它的价值不在内容,而在于对经验性的强调。我看到一些同学研究历史城市的地理特点,常常停留在最简单、最基本的特征上,例如渡口、谷口、道路交汇点等。"揭示"这些特征没有什么难的,学术价值也就不高。

上面三位讲的都不是这类简单的东西,而是不寻常的情况、不寻常的过程,这才有意思,有价值。比如陈春声先生讲的客家人与讲福佬话的人之间的分界线,这条线外的所有房子没有一个是军事性城堡,而在线里面有许多客家人的军事性城堡;刘志伟先生讲的条状聚落、梳子状聚落;郑振满先生讲的村落仪式系统。将这些不寻常的现象揭示出来,并将其背后的原因解释出来,使人见怪不怪,是真正的学术目标。哈维说:"解释的目的在于把一个意外的结果变成一个意料中的结果,把一个奇特的事件变成自然或正常。"上面三位学者,不但告诉我们一些没有听说过的事情,还进一步告诉我们这些事情是怎么发展、怎么形成的,使我们对复杂的人文现象做到真正地理解。多理解一些现象,就多提高一分水准。学术解释是做在荒诞与常识之间,荒诞的东西不必做,常识性的东西不值得做,不值得解释。中间的部分才是值得我们去下手做的。

以上是我个人的感想、联想,说的不对,请指正。

周尚意: 我接着唐教授的评议说一句,我在台湾听到过郑教授的讲座,今天他的报告与之不同。陆院士现在主持"人文地理学30个难题"的课题,其中有一个难题让我负责写,即"多尺度文化空间的整合"。陆院士让我用三句话或者十句话将这个难题说清楚。而今天郑教授的报告就是不同层级空间的整合。例如聚落文化空间与地方文化空间的整合,地方文化空间与国家文化空间的整合。

陆大道: 是多层空间么?

周尚意: 我更多强调的是不同尺度空间的整合问题;当然在许多情况下,大尺度空间位于小尺度空间的行政上的"上层"。例如,福建的华侨爱国,在华侨的内心,爱国家和爱老家是不同的,他向祖国投资,首先要选择家乡。投资家乡和投资祖国有什么差别?这种空间意义的转换过程是什么?人们都知道大空间与小空间的文化意义不一样,不是中国所有地方的文化加在一起就叫中国文化。中国各地的文化所抽出的共同的内涵就是中国文化。那么同类项的抽取过程是否就是小尺度空间文化转换为大尺度空间文化的唯一方式?这是一个难题,关于这个问题,我今后还会与郑教授和其他学者展开更多的讨论。

下面隆重请出第一个出场的女学者——北京大学韩茂莉教授,由她做上午最后一个主题报告。

历史时期西辽河流域聚落与环境

韩 茂 莉

(北京大学城市与环境学院)

大家好。我的题目也是聚落,有一点感觉到周教授有意安排我们这一单元的报告都与聚落有关,实际上是无形中的巧合。我的题目叫《历史时期西辽河流域聚落与环境》。陈先生给我们讲了,今天地图上的一个聚落,并非原来就有如此的分布形式,而是经历了时间和空间历程之后的结果。我所讲的题目与陈先生以及其他先生讲的题目有一个共性,就是聚落的生成,并不是在同一个时间和空间过程中完成的;但是,我的立意与前三位教授完全不同,我的问题重点是通过聚落看环境问题。

西辽河流域在内蒙古和东北辽宁交界处,按照地理学家讲的就是生态脆弱地带。我们沙龙的议题叫地理学方法的讨论和理论的探讨,因此,我也从这个角度思考一下,做这项研究应该从哪几个要点出发。对于北方生态敏感地区,实际上地理学家已经致力了很多年,并且形成了众多研究成果,如何在原有的基础之上迈出一步,再有新的探寻,这是科学研究的要点。正如刚才说的,常识是我们不必再论述的,在大家广泛关注的地区如何在原有的成果中走出一步,这是我关注的问题。

西辽河流域农业聚落是不连续发展的,由于生态敏感地区环境所具有的特殊性,历史时期这里的农业具有三次发展历程:第一次是在史前时期;第二次在辽金时期;第三次是清代末年到今天。三次农业历程之间的时期为畜牧业所取代。于是我们想知道:在今天的地图上密布在西辽河地带的聚落,究竟是在什么时间形成的,是在同一个时间还是不同的时间?

正如刚才陈先生所说的,显然,东南沿海地区的聚落不是在同一个时间完成的,西辽河地区也同样如此。古人在这样一个生态敏感地区最初建立聚落的地方,就是他们认为最适宜农业开垦的地方吗?根据我们的研究,虽然西辽河流域有过三次农业开垦,但是其中有非常大的巧合,三次农业期初始聚落的选择有共同的环境背景。那么,对于这种共同的环境背景,我们需要探讨的问题是如何形成的?刚才晓峰先生提出一个问题,人最初的活动是不是

韩茂莉(1955—),北京市人。北京大学城市与环境学院历史地理研究中心教授,博士生导师,主要从事历史地理学研究。

与动物一样？也就是说,今天我们通过考古遗址知道三次聚落环境选择有趋同的结果,这是什么原因？古人没有科学意识,为什么会形成这种结果呢？简单地说,是人的动物性行为所致。最初他们对这个地方的环境并不清楚,聚落的落脚地是盲目的,他们也许建立了自己的聚落,由于环境不适应,没有生存下来,死掉了,于是无论从文献上还是考古上都没有给我们留下任何信息；另一些人无意中的选择却是正确的,他们存活了下来；别处的同类也发现这样的地方能够生存下来,于是迁移过去,且定居下来。正是由于这种情况,三次农业开垦留下了共同的聚落位置。

历史地理研究是介于多种学科交界的边缘学科,因此,在研究的过程中没有一定之规律,没有共同的理论；问题一旦确定,研究手段要根据我们的目标而选取。我们选择流域内巴林左旗与敖汉旗作为分析样本。表1为巴林左旗聚落所在高程与水源、道路的关系,表2为敖汉旗三次农业垦殖期聚落所在高程与水源的关系。表1的聚落统计来自于《巴林左旗地名志》,表2的聚落统计来自于《内蒙古文物地图集》中的文物普查资料；两份表格中聚落与河流的距离均通过数字地形DEM数据生成沟谷线分布图,并进行距离分析获得。通过对表1、表2的分析,形成结论：西辽河流域三次农业垦殖期所处的时代虽然不同,但聚落位置对地貌、高程的选择却表现出相同的趋向,那就是400—600m高程区的近河坡地。这一地带无论对于史前时期的采集,还是对于以后的农业垦殖均具有有利条件。

表1 巴林左旗聚落所在高程与水源、道路的关系

高程(m)	与水源地距离(m) 水量相对丰富河流	其他	与道路距离(m)
400≤h<500	<2 000	<1 000	<1 500
500≤h<600	2 000≤s<10 000	1 000≤s<5 000	1 500≤s<5 000
600≤h<700	10 000≤s<20 000	5 000≤s<15 000	5 000≤s<15 000
700≤h<800	≥20 000	≥150 000	15 000≤s<25 000
≥800			≥250 000

表2 敖汉旗三次农业垦殖期聚落所在高程与水源的关系

文化类型 历史年代	与沟谷河流距离(m) \ 高程(m)	<400	400—600	>600
红山文化	≤300	27.6	25.8	14.7
	301—600	13.8	23.9	8.8
	601—1 000		26.4	19.1
	1 001—2 000	21.4	15.2	31.6
	≥2 000	51.7	8.7	25.7

续表

文化类型 历史年代	高程(m) 与沟谷河流距离(m)	<400	400—600	>600
夏家店下层文化	≤300	31.1	31.9	17.6
	301—600	17.8	22.5	10.9
	601—1 000	22.2	18.7	11.4
	1 001—2 000	24.4	17.8	33.3
	>2 000	4.4	8.9	26.8
辽代	≤300	30.6	31.8	20.3
	301—600	28.9	22.8	12.8
	601—1 000	16.3	21.1	14.5
	1 001—2 000	22.4	17.3	26.2
	>2 000	4.1	7.0	26.2
清光绪前	≤300	45.6	32.8	28.4
	301—600	17.4	20.6	11.0
	601—1 000	10.9	17.5	8.7
	1 001—2 000	15.2	20.3	27.7
	>2 000	4.3	7.5	22.9
清光绪后(包括光绪朝)	≤300	9.4	26.2	17.3
	301—600	34.4	26.2	9.3
	601—1 000	15.6	17.7	15.3
	1 001—2 000	21.9	18.1	32.7
	>2 000	9.4	10.4	22.7

用今天的话说,西辽河流域可称之为北方以北,气候比较冷,自然条件并不好。在这样的条件下,最初选择的最佳的聚落环境确定之后,随着历史的发展,人越来越多,无论在史前时期、辽代,还是第三次开垦时期,人口都在逐渐增加。环境容量问题必须提出。那么环境容量如何进行判别？历史地理研究与现代地理研究极大的不同,在于没有现实可取的任何资料,绝大多数情况下需要通过各种方式去探求、判断、考证。对于史前时期,考古学的调查告诉我们：这里有许多的聚落分布。但是所有的聚落究竟是在同一时间段使用的,还是中间中断了？没有任何信息提供给我们。比如说红山文化前后延续的时间是 2 000—3 000 年,考古学家只告诉我们这是红山时期的聚落,但是我们当然不能相信这些聚落从最初使用一直延续到这个文化灭亡,持续使用了 2 000 年左右。究竟使用了多长时间？每个聚落有文化层的堆积厚度,通过这些信息可以推测聚落的使用时段。根据上述方法我们发现,在这样的生态敏感地区,聚落的持续使用时间并不是很长,如果将文化堆积层厚度转换成聚落持续使用时间,那么大概经过几十年就要发生一次迁移。这个迁移意味着什么呢？在座的地理

学家都是非常清楚的,人类迁移往往表达出那个地方的环境容量已经达到了极限程度。对于西辽河流域这样一个生态敏感地区,即使是环境最好的 400—600m 等高线所在山坡地带,也仍然有人满为患,环境承载力超标的时候。这时,人类往往通过自身的迁移,来寻找一个新的居住地点,进而舒缓由于环境压力而带来的食物紧张。

  为了说明人类是如何移动的,我定义人类最初建立的聚落为首选聚落,经过迁移以后形成的是次属聚落。首选聚落最初人口数量比较少,聚落也稀疏,随着人口的增加,聚落密度开始增大,后来聚落的规模也开始扩大。刚才郑先生也告诉我们这样的事实:东南沿海地区聚落形成以后,有在原有基础上逐步扩大的过程。处于生态敏感地带的西辽河流域同样如此。如果人口再增加,土地再增加,生态承载力就达到了极限,用西北人的话说就是不能活人了。这个时候人类会自发进行移民,这次移民所选择的地方,我定义为次属聚落,这种次属聚落从科学的意义上来讲,已经脱离了 400—600m 等高线的山坡地——也就是适宜农业开垦的地方。但是为了生存,人们必须寻找新的出路。迁移之后的聚落发展过程与首选聚落发展过程遵循同样的历程:由聚落数字比较少到聚落数字增加,再到开始逐渐扩大。三次农业开垦期中,第一次是史前时期,人口数量非常少,由首选聚落向次属聚落迁移的表现不十分明显,但是人类通过移动选择更好位置的意图是共同的。第二次开垦期所在的辽金时期在历史文献中留下了迁移的记载。第三次就更不同了,从晚清时期以闯关东形式为主,人口大规模涌向塞外,一直到今天,人口有了大幅度的增长。

  人口增加,为这里带来的问题是二次移民。20 世纪初期满铁调查报告的统计中有二次移民的案例,那些人原来居住在奈曼旗,后来迁到新的地方,原因是原居地的环境恶化。

  也就是说,原来的地方出现了土地沙化,或者用当时人的话说是活不下去了。在这样的背景下,他们出现了二次移民。当时土地和户数直线上升,虽然没有可持续发展的理念,但人们知道是在他们的开垦之下,沙化开始发生的,为了脱离坏了的环境,只能迁移。二次移民就是环境容量达到临界值的标志,也是人们协调人地关系的手段。这两幅图(图1、图2)是我们的重点研究区,前者是清前期的聚落分布,后面的图是二次移民迁移的地区。

  上面的研究对今天有什么意义?就是今天许多学者讲的问题:学术本身有象牙塔性质,但也可以间接为社会服务。生态敏感地区的环境整治是全社会共同关注的问题,退耕还林、退耕还草在这个地区全面推行是不可能的,毕竟这里生存着大量的老百姓。在政府现有的财力和有可能进行的情况之下,我们需要最先从什么地方开始?根据我们上面的研究所提供的一个信息,不属于 400—600m 等高线的农业开垦区是在第二次移民条件下形成的,这些地带是不适宜于农业开垦的地区;如果有条件退耕还林、还草,恢复环境的话,应该选择这样的地带。

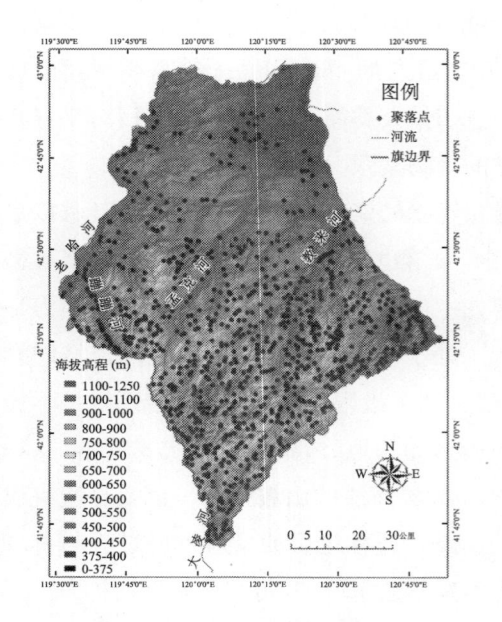

图 1　清光绪前敖汉旗聚落分布 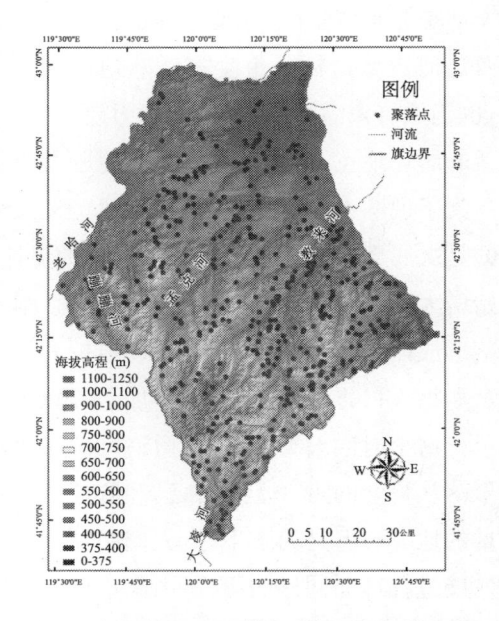　　　　图 2　清光绪后(含光绪朝)敖汉旗聚落分布

上面的问题是以西辽河生态敏感区为样本区、以聚落为环境研究的切入点,对人地关系问题进行的探讨。好了,我所有的问题到此为止。谢谢大家。

自 由 发 言

张伟然： 韩教授的报告体系非常完整，意义讲得很清楚，我基本没有什么可以讲的。我是复旦大学历史地理研究所的张伟然，今天听了前面几位老师的报告，感到很惭愧。我自己是学地理出身的，混迹于地理学界20多年，现在越来越惭愧。

今天在这里听到的报告我都有很亲切的感觉，这样的报告在我们那里很少听到。今天陈老师、刘老师、郑老师、韩老师对我影响很大，我们那里搞历史地理学的人要向你们学习。我们比较多的是在讲故事，在讲故事的过程中逐渐把我们的打狗棍丢了，很少有今天这种地理学味道很纯正的东西。我待在这里感觉好一点，在上海的时候，常常有危机感，觉得历史地理学发展到现在是不是应该完了？我们那里做的许多东西缺乏地理学味道，缺乏空间味道。以韩老师的报告为例，她做的是西辽河，我们那边也有人做，但是我们那边做法的背景不一样，因为都是学农的出身；他们也用同样的资料，但韩老师的数据比较多元一点；中间也用到了满铁的调查材料，这是非常好的调查材料，我们那边的人也觉得很好，拿它讲故事，讲得娓娓动听，但是没有什么空间，故事听完了就没有了。

我也早听过刘老师的研究，我自己也经常参加他们那里的活动，听过他带我师弟在广东研究沙田的问题。

我不知道该怎么表述好，现在是到了学科该深度交叉的时候还是我们历史地理学向地理学回归的时候？我们也做一些地理学和其他学科横向交叉的问题，但是我们那里做的比较多的是形而上的，比如我们的一个博士做哲学地理，我实在听不明白论文里面有什么地理，后来他也通过答辩了。

我自己有时候不务正业，喜欢做一点文学地理。比如在地理中会碰到文学题材，许多古典文学研究者喜欢探讨这个作品背后的地理背景，但确定地点本身是一个技术，没有学过历史地理的人拿字典查，往往是错的，往往没有价值。

以后我要多多参加这样的活动，特别感谢周尚意教授给我这样一个学习的机会。谢谢。

王铮： 我有几个问题不明白。韩教授刚才讲了，人类在西辽河的活动分三个时期，第二个时期是辽金时期，人类主要活动的地带，海拔是400—600m；第三个时期是清末。这两个历史时期的气候条件不一样，辽金时期降水多、温暖一些，到了清代时期气温不够了，就要向下迁移了。现在最好的地带说是 400—600m，其他的地方该退耕的应该退。现在全球变暖了，我们搬上去也没有问题，所以 400—600m 没有被破坏是因为人下来了。我觉得这个问题应该再推敲一下，如果我们的气候在这个过程中不演变就好了，但是气候一直在变化，辽金时期的气温比现在高 1—2 度；适合人类生存的地理环境也不一样。我觉得这个理论需要推敲一下，因为在这两个时期我们的气候是演变的。

韩茂莉：谢谢王铮先生，你的环境研究是非常著名的。我是这样考虑的：事实上人类进行聚落位置选择和位置更移，本身就包含了对于气候变化的响应。我依据事实形成这个结论，且发现几千年中，数次农业聚落选择存在共性，并非偶然。地区性的环境条件与气候变化应反映在里面。

朱竑：我们今天的沙龙到目前为止没有"沙"出来，也没有"龙"起来，都是听讲座。

这一单元请三位历史学家讲他们的研究，我感触良多。历史学家使用我们地理学者的方法，而且他们许多时候用得比我们好，这是第一个感触。第二个，反而是学地理的人，很少想用历史的方法，我们地理学者现在越来越喜欢玩空的东西、虚的东西，把我们本来好的手段丢掉了。

我向三位历史学家讨教。在你们的研究里，你们怎么想到使用地理学的方法？这是第一个问题。第二个问题，使用地理学家的方法你们感受如何？第三个问题，如果地理学的方法对你们的研究有帮助的话，你们觉得地理学方法的哪些方面还应该再完善，使你们用得更舒坦一些？谢谢大家。

陈春声：我们做历史人类学的，跑到空间读材料与在图书馆读材料完全不一样。学者到特定空间看着那里的人，甚至闻那里的味道、吃那里的食物、读那里的书，其感觉完全不一样，学历史很重要的是读材料的感觉。第一个问题给你（指刘志伟）回答。

刘志伟：第一个比较好回答，因为我们学历史的人，尤其是读古代史的人，是按四库全书总目录去读书的，一读史就把历史与地理放在一起，所以我们读书的时候从来没有想过历史与地理可以分开，因为我们读古代史是如此。读现代的可能分开。对我们来说，看时间的同时也会把空间放在里面，我们觉得这很自然。但是许多历史学者不看空间，与我们的追求完全背道而驰。希望以后有机会多让我们学习地理学。

陈春声：很重要的一点是地理学让我们多改进地图的技术。

保继刚：我注意到历史学家的报告用地图最多，而地理学家不用地图。

薛德升：在学校里没有机会与校长接触，今天利用这个机会亲近一下。都是讲历史与地理的相互关系，陈校长的报告如果从地理的角度重新起一个名字，重新弄一个提纲，大概题目会叫明清之际韩江流域大型寨子的空间分布与典型寨子的内部结构。

第一部分讲空间特征，即区域的空间分布以及内部的空间结构是什么样的。这部分是地理学者会花大量时间做的，而且会做得很透彻、很详细。

第二部分讲形成空间分布与内部空间结构的主要原因是什么，这是陈校长大量讲的。内部空间结构为什么会在中间形成兵营，外围是老百姓？可能我们再稍微拓展一点，因为老百姓分不同的类别，外围的空间分布又是怎么样的？然后作相关的分析。

最后是启示，当时的启示与现在的启示，以及政策建议。如果是同一历史时期的研究对象，地理人会从什么角度切入，最关注什么？从历史的角度陈校长也讲了会关注什么，我感觉地理学者会把空间这块儿作为主题讲得很透彻。现在越来越多的地理信息系统、拓扑制图等方法，会讲得非常透彻。就历史来说，我感觉未必要以历史文献为依据，多与现状加以对照，可以把故事讲得圆、讲得非常详细。这是我的一个感受。

里面不同的聚落都有明确的空间范围，有明确的地域特性，比如沿海人口的特征是福佬加客家等，这是我们研究的共同点。以同一历史时期的现象作为研究对象时，人文地理学者与历史地理学者会怎样选择侧重点？这是我很浅显的一点认识。谢谢。

周尚意：上午的精神大餐大家还没有享受够，但现在大家需要吃一些物质食粮了。

第二部分

经济学与经济地理学

主 持 人：刘卫东　中国科学院地理科学与资源研究所
特邀发言：沈　越　北京师范大学经济与工商管理学院
　　　　　路江涌　北京大学光华管理学院
　　　　　王缉慈　北京大学城市与环境学院
　　　　　刘彦随　中国科学院地理科学与资源研究所
评 议 人：王士君　东北师范大学城市与环境科学学院
　　　　　吴殿廷　北京师范大学地理学与遥感科学学院
　　　　　张平宇　中国科学院东北地理与农业生态研究所

刘卫东：按照日程安排，我负责主持第二个单元："经济学与经济地理"。这两个学科放在一起，也是想产生对比的效果。从起源来讲，经济地理学是从经济学中分出来的；但是经过一百多年的发展，经济地理学作为地理学的一个分支学科有了自己的特点。今天，我们非常高兴能够请到两位经济学的学者，一位是北京师范大学的沈越教授，另一位是北京大学光华管理学院的路江涌副教授。还有两位经济地理学者，一位是北京大学的王缉慈教授，另一位是中科院地理科学与资源研究所的刘彦随教授。我们请沈越教授第一个发言。

中国的城市化与"三农"问题的经济学思考

沈 越

(北京师范大学经济与工商管理学院)

有幸得到周尚意老师的邀请参加地理学的沙龙,有一点诚惶诚恐。我讲的这个题目没有太多技术分析,主要谈我最近十几年来关于城市化和"三农"问题的一点思考、一些观点,提出来供大家批评。

我讲三个问题:第一个是中国城市化的历史回顾与前瞻;第二个问题是"三农"问题与城市化的经济学分析;第三个问题是城市化进程的经济社会意义。

一、中国城市化的历史回顾与前瞻

我把中国的城市化进程分为五个阶段。第一个阶段是19世纪中叶以前,或者说是鸦片战争以前的城市化。这个时期有一个最基本的特点,是中国缺乏独立的工商业城市,也就没有西方历史上那样独立的市民阶层。从历史上来讲,传统的城市有两种类型:一种类型是先城后市,先是封建主依托自然经济建造的军事堡垒,因为官僚、军队的聚集,才有了为这些统治阶级服务的商业和手工业。这样的工商业依附于封建统治阶级,当工商业的发展侵蚀到封建统治的自然经济基础时,就势必受到打压,封建势力会用强制手段把随工商业自然发展而形成的"本"、"末"倒置趋势,再重新颠倒过来。这在中国历史上屡见不鲜。到了近现代,这样的城市要么伴随封建势力的瓦解而衰落,要么转型为真正意义上的工商业城市。第二类城市是先有工商业的发展,城是为了保护工商业者的人身财产而形成的防卫区,这是先市后城的工商业城市。在这些城市中形成了新兴的市民阶层,孕育出近代工商业文明与城市文明。这样的城市只在西欧历史上有过,这也是中国为什么后来会落后于欧洲的一个根本性原因。

第二个阶段是从西方殖民者打开中国大门以后到新中国建立这段时间。这一时期中国独立的工商业城市开始形成。首先是在对外通商口岸形成真正意义上的工商业城市,随之而来,原来的一些封建性的军事堡垒也演变为工商业城市。但是,在半封建半殖民国情下,

---

沈越(1955—),北京师范大学经济与工商管理学院教授,分党委书记。现兼任北京市经济学总会常务副会长兼秘书长、中华外国经济学说研究会副秘书长。主要研究领域:中国经济改革与经济发展、国有企业改革、西方经济学。

中国的城市化进程非常缓慢。据我的估算，在 100 年的时间里，中国的城市化率仅提高了 10 个百分点左右。

第三个阶段我称之为反城市化的工业化时期，这个阶段从新中国建立一直到改革开放，大约为 30 年。这个时期城市化的一个基本特点是城市化水平下降。从解放初期到改革开放，中国的城市化率不但没有提高，反而降低了，城市人口占总人口的比重下降了 2—3 个百分点。其根本原因是我们走了一条排斥市场的计划经济的工业化道路。市场经济是城市的本性，离开了市场，城市的造血机制丧失，城市的功能就开始萎缩。到文革期间，中国实施了长达十年的知识青年上山下乡运动。从经济上讲，上山下乡运动的原因是计划模式无法供养城市自然增长的人口，不能解决就业，商品粮供应也成了问题，不得不把多余的人口迁往农村。

第四个阶段是改革开放到世纪之交。我的看法是，这个时期是一种抑制性的城市化进程。一方面，市场化改革使城市的造血机制得以恢复，城市化进程明显加快，城市化率大概每三年就提升 2 个百分点；但在另一方面，我们又实施了一整套遏制城市化的政策，延缓了城市化进程。这些政策也有一个逐步演变的过程：在 20 世纪 80 年代改革开放之初，是反城市化的工业化时期，提倡农民离土不离乡、进厂不进城，试图走一条农村工业化道路；到了 90 年代，我们的思想进了一步，允许和鼓励小城镇发展；而到了 2000 年以后，记得是中共中央关于"十一五"规划的建议提出了城镇化战略，其基本思想是"大中城市与小城镇协调发展"。纵观这一时期的城市化进程，实际上是特大城市、大城市拉动中小城市、小城镇的发展，而我们的政策却是建立在农村工业化、发展小城镇，或中小城市与大中城市齐头并进的思路上。

抑制性城市化政策虽然避免了由于城市化速度过快而引发的城市病（这是发达国家和一些发展中国家在城市化进程中通常出现的问题），但也导致了一系列问题。乡村工业或者是小城镇工业导致资源配置效率不高，因为它违背产业聚集这一基本原则；同时也导致了生态和环境的破坏、市场秩序的破坏，大批假冒伪劣产品的出现与这些政策有关。我们在城市法制和城市文明还没有得到推进的地方搞工业化、搞市场经济，就为假冒伪劣、产品质量低下提供了温床，资源环境破坏也很难避免。此外，还有一个最大的问题，即社会经济发展战略的滞后。譬如说，与地理学关系很紧密的国土资源规划、城市建设规划，大大滞后于实际的城市化进程。规划赶不上变化，往往是原有规划在不得不改变时才被动地修改，丧失了事前规划的意义。以北京市的城市规划为例，规划人口一再被突破，最近一次的规划是 1 700 万人，据说还打出富余，规划了 1 800 万人口。实践证明这个规划很快就要过时。其实，北京市的城市规划应放在"京津唐"大城市区的构想中来设计，大北京的远期规划人口应在 3 000 万以上，甚至可达 5 000 万。此外，特大城市像北京、上海的房价上涨过快也与规划赶不上实际的城市化进程有密切关系,因为偏小的规划不断推高地方政府、开发商、居民对未来地价和房价的预期。

第五个阶段是大中城市拉动中国大规模城市化进程阶段。这是我所希望的,也就是在未来30—50年的时间里,我们的发展战略应该做出调整。目前中国的条件已经具备。统计资料显示,人均GDP破3 000美元以后,城市化就会加速。中国2008年的人均GDP已突破3 000美元,2010年将会过4 000美元,城市化进程肯定要加快。目前中国的城市化率比世界平均水平(50%)要低5个多百分点;此外,中国大中城市的发展水平也比国际水平低得多,百万人口以上的大城市的人口占总人口的比重,日本约为44%,欧美约为40%,全球平均约为28%,而中国则不到20%,发展潜力很大。我们需要做的首先是调整城市化发展战略,把发展基调转移到让大城市拉动整个城市化进程上来。

二、"三农"问题与城市化的经济学分析

"三农"问题的根源是受两个经济规律的制约:一个是农业生产率增长不快的约束;另一个是受农产品市场需求扩张缓慢的约束。关于生产率的约束,来自农业生产者众多而土地资源有限,难以实现规模经营,农业生产率提高缓慢。由于农业生产是自然过程与经济过程的统一,其对土地的依存度很大。受农村土地资源有限的制约,劳动生产率的上升十分缓慢,这使农民收入增加、农村和农业发展成为了大问题;相反,工业与服务业受自然条件的约束很小,甚至是没有制约,伴随技术进步的生产率提高趋于无穷大。所以,30年来我国GDP的年均增速是9.8%,而农业的增长率只有4.6%。第二个约束是市场需求约束,来自农业生产者多而市场狭小,这是更重要的约束。在中国工业化进程中,国民经济给农业提供的市场相对越来越小,依靠这个相对萎缩的市场来维系这么多人的生计,收入势必不高,而低收入又会引致资金、劳动力资源流出。这样,农业肯定落后,农村肯定落后。我这里有几个数据:改革开放30年来,我国农业产值占GDP比重最高的年份是1982年,为33.4%;根据国家统计局发布的第二次经济普查数据,2008年农业产值占GDP的比重只有10.7%。而同期农村人口和农业劳动力人数下降的速度却慢于农产品市场萎缩的速度。市场经济是一种需求约束型经济,一个国家、一个部门、一个生产者经济规模大小与收入多少,首先受到市场规模的制约。换句话说,我们今天要用10%左右的市场份额来解决40%多的劳动力、50%多的农民的生存和富裕问题,这无异于天方夜谭。或者说,占全国50%左右的农民在争夺仅占国内市场10%左右的份额,这正是"三农"问题的核心所在。当人民温饱问题已经解决,生活提高到一定水平后,尽管农产品需求的绝对量会增加,但增长速度却日趋缓慢;尤其是相对于非农产业需求扩张是下降的,因为非农产业需求扩张没有止境,技术进步在提高生产率的同时也在不断创造出新的需求。

值得注意的是,按照30年来农业产值在GDP中的占比下降速度外推,到2015年,我国

农业产值占比将进一步下降为6%,2020年将下降为3%左右。如果没有大规模的城市化,没有更多的农民转业到工业和服务业,"三农"问题将越来越严峻。

当然,我们也可以采取一系列措施来缓解"三农"问题,但是我认为除了城市化这一根本性解决问题途径之外,其他措施只能起到治标之功效。这些措施不外乎依靠农业自身练内功与外部补贴两条途径。

我先讲一下练内功问题,即生产技术进步与农业产业结构调整的问题。它虽然对提高农业劳动生产率有积极作用,但在另一方面又是一把双刃剑。在农产品市场相对其他市场不断萎缩的情况下,它们同时还有降低农产品价格的效应,这是农民增收的杀手锏。技术进步如不伴随市场规模的扩大,其增产效应将表现为价格下降,这是造成农业增产不增收,甚至增产减收的根本原因。正如我们在调研时有的地方干部讲到农业产业结构调整时所说:"你调我调他也调,调得价格往下掉。"在市场需求没有扩大背景下,调整农业产业结构对一个地区来讲是有意义的,但对全国来讲却没有意义,调整的结果只是把别人的市场份额占为己有,一个地区农民的增收意味着其他地区农民的减收。

凭借外力扶持"三农"的思路是靠转移支付、靠工业和服务业反哺农业。首先,我国现阶段的反哺能力有限。我国目前还处于工业化中期阶段,国家尚不富裕,靠反哺让几亿农民富起来不太现实。其次,用这种方式支持农业还会产生一系列的负效应。我列举了一下,大概有以下这么一些问题:①大量补贴虽对农民增收有好处,但是它会推高农产品价格,进而推高劳动力成本,对经济发展和农业发展都没有好处。②大量补贴会造成农民对政府的依赖,阻止农业生产率提高,降低农产品竞争力。欧洲和日本的农业必须依赖政府支持才能生存就是典型的案例。③会造成沉重的财政负担。欧洲共同农业政策曾占共同体总预算的75%(1985年),后几经改革现仍占总预算的50%左右,这限制了欧盟扶持其他领域的财政能力。④补贴还会引发国际贸易摩擦。靠反哺的方式提高农民的收入,就必须对农产品市场实行保护,贸易摩擦不可避免。WTO的第九轮谈判"多哈回合"谈了八年多都谈不拢,就是因为发达国家用高额财政支出补贴了农民,发展中国家没有财力补贴农业,而无法与发达国家的农业竞争。当发达国家要求发展中国家放开服务市场,发展中国家则反唇相讥,提出你必须把农产品补贴给降下来。美国人首先放水说可以降:意思是说欧洲与日本大手笔地补贴了农业,美国才不得不补贴农业,欧、日如能减少补贴,美国也能减少补贴。最后,矛盾集中在欧盟身上,逼得法国前总统希拉克不得不出来讲,这是法国大革命给我们留下的小农经济。言外之意,减少农业补贴无异要了法国人的命。

我个人的看法是,"三农"问题要治本只能依靠城市化。通过城市化将绝大部分的农民变成市民,一方面,将绝大多数农民转向生产率上升快、市场扩张约束较小的第二、三产业,使离开土地的农民富裕起来;另一方面,把有限的农业生产资源(主要是土地)配置给留在农村的居民,实现农业生产的规模经营,进而打破农业生产率提高缓慢的瓶颈;与此同时,将有限的农产品市场份额留给少量的农民,消除农产品市场需求扩张缓慢对农民收入的约束,从根本上解决"三农"问题。

我还要讲一下解决"三农"问题的治本与治标之间的关系。城市化虽然是解决"三农"问题的根本途径,但这是一个长期而艰巨的历史演变过程,在这一过程中治标之策也不可少,通过转移支付、价格补贴、新农村建设等措施来缓解"三农"问题引发的经济与社会矛盾,还是必要的。但是从长期来看,这些措施都是治标的,而且有负面效应,我们应该有清醒的认识。

三、中国城市化进程的经济社会意义

关于中国城市化与解决"三农"问题的意义,我想借用毛泽东主席的一句话,他在新民主主义革命时期曾经说过,中国革命的根本问题是农民问题。同样,在中国的现代化进程中,根本问题依然是农民问题,是传统的农业社会向现代化的工业社会转型的问题。这个转型的意义远远超过中国革命的意义,因为这涉及中国社会的根本性变迁,转型的实质是在市场经济的基础上实现工业化和城市化;而这个转型的重要标志和关键,是通过城市化来消灭农民。我这样的表述不是哗众取宠,而是经过多年的深思熟虑才提出的。

现代汉语中的"农民"有两层含义:一是社会身份意义上的农民,它意味着不能与城市居民享有同等的社会权利。可能没有人会反对消灭这种意义上的农民。从欧洲的近现代历史中可以看出,其现代化进程也就是一个消灭农民的过程。我们现在还可以从所有的西文辞典里看到这一演进过程,无论是英文的 citizen、法文的 citoyen,还是德语中的 Bürger,其在封建时代的含义都是指与农村居民不同的城市居民,暗含着市民比农民享有更多的自由、平等权利。后来随着城市商品经济向农村的扩展,农业商业化,农民也逐步取得了与市民同等的社会地位,农民变成了与城市居民拥有同等权利的公民;于是这些词便有了公民、国民的含义。改革开放30年来,我们在这方面取得了很大进展,赋予农民越来越多的权利,缩小了市民与农民在社会身份上的差别。但是还做得不够,还需要继续努力,办法就是让更多的农民工成为真正的个人,农民成为地道的市民。

"农民"的第二层含义是职业意义上的,这种意义上的农民当然不可能消灭。但这种意义上的农民却是越少越好,因为这意味着更多的劳动者在从事生产率更高、市场需求前景更大的工商业,少数农民也以更高的生产率来供养全部人口。我可以作一个简单的类比:如果我们以2%—3%的劳动力从事农业生产,那么经济社会的发展水平,包括农业的发展水平可能是美国的水平;如果是5%—6%的劳动者务农,那就是欧盟和日本的水平;如果是20%左右的农民,那么就是韩国现在的水平;如果还有50%左右的农民,经济社会与农业的发展水平就是今天我们中国的状况;如果农民占人口比例达到80%,那就是我们改革开放之初

的水平;如果农村居民占总人口的90%左右,那就是中国鸦片战争以前的经济社会发展水平。

在理论上我可以给出一个国家在市场经济条件下最优的农民数量,即农业劳动力在社会总劳动力中的占比与农业产值在GDP中的占比大体一致。在这种情况下,市场机制就可以自行发挥优化资源配置的作用。这样,农业就可以成为像工业和服务业一样的营利性产业,农民也可以依靠自己的生产经营致富。由于农业也有利可图,市场竞争就会自行引导资本、技术与高素质劳动力流入农业、农村。当然,实现这种理想状况必须以大量农村剩余劳动力已经转入城市、从事非农产业为前提。

诺贝尔经济学奖获得者斯蒂格利茨在世纪之初曾作过预言:21世纪有两大拉动世界经济的动力,一是美国的高新技术发展,一是中国的城市化进程。这一预言颇有道理。在过去30年,中国经济的高速增长,在很大程度上得益于农村剩余劳动力转移到城市而形成的人口红利。目前我们偏低的城市化率,大规模的城市化进程至少还将拉动中国经济以高速度或较高速度再增长20—30年。

这是因为,城市化可以将中国巨大的潜在市场需求转变成现实需求,拉动经济增长。一方面,大规模的城市化会形成巨大的投资需求;另一方面,转变为市民的农民与富裕起来的农民又会创造出巨大的消费需求。消费需求的增长不仅来自因收入增加而增长的物质需求,也来自把原来农民的自给型服务转变为市场性的劳务需求,来自移居城市后产生的精神文化需求。最后,大规模的城市化进程还将是促进中国社会进步与政治民主进程的最有效的动力。

我的发言到此结束,谢谢大家支持。抱歉超过了一点时间。

刘卫东:谢谢沈教授。城市化是我们过去30年,也是未来三五十年最大的问题。我们今天听沈教授从经济学的角度讲了一些观点,其出发点、视角都与我们地理学传统的研究有所不同。今天下午我们作一点改革,不再对每个报告做单独评述,四个报告做完之后一起评论。

下面请北京大学的路江涌副教授做报告,题目是"中国产业集聚的趋势与决定因素"。

中国产业集聚的趋势与决定因素

路 江 涌

（北京大学光华管理学院）

各位老师，各位同学，下午好。非常高兴今天有机会与经济地理学家和历史地理学家讨论我做的一些研究。我是商学院毕业的，主要做一些经济学与战略管理方面的研究，但是我会把地理学的一些概念、一些方法应用进去。说起与地理学的渊源，最初来自我的一个同学，她嫁给了地理系的同学。基于这样的原因，我和地理系的同学有了许多接触，每逢遇到一些原来不知道的地理学方面的方法，就会求助他们。从这个方面来说，人的集聚加快了知识的传播。从这些交流中，我学到了一些空间地理计量方法。

2006年我到清华大学经济管理学院工作，当时想申请自然科学基金，我是从区域经济学的角度申请管理学部的基金。我当时没有申请国内基金的经验，同时对国内的相关研究也不是很有把握。当时看文献，我觉得里面的这些人不只是经济学领域的学者，还有一些经济地理方面的，如城市环境方面的学者。我当时找北大城市环境学院的贺灿飞老师帮我看申请材料，他给了我很多建设性的意见。

我先把自己相关的研究方向总结一下，再用一个具体的研究——中国产业集聚的趋势与决定因素，来汇报一下我的研究工作。我准备发言的时候想，作为我这样的年轻学者，优势在什么地方？我前些年主要做国际经济学方向，现在做的题目主要在国际商务方面。大家知道国际经济学与经济地理学的理论基础是差不多的。那么，我为什么不把关于地理集聚的知识运用到战略管理里面呢？这也是战略管理非常流行的一个题目。我已经做了一些关于产业集聚的研究，主要是从比较宏观的产业角度或者是区域角度讲的，是比较偏经济学的；最近也在战略管理领域进行了一些尝试。例如，我在产业集聚对企业生产效率方面的研

路江涌（1973— ），2004年取得香港大学经济学与企业战略方向博士学位，后任教于清华大学经济管理学院，现为北京大学光华管理学院战略管理系副教授。研究方向主要包括区域经济学、国际经济学和国际商务。研究成果发表于《经济研究》、《经济学季刊》、《管理世界》、*American Economics Review*（*Papers and Proceedings*）、*Journal of International-al Economics*、*Journal of Urban Economics*、*Journal of Comparative Economics*、*Regional Studies*、*Economics of Transition*、*China Economic Review*、*Journal of International Business Studies*、*Management International Review* 和 *Journal of Business Venturing* 等国内和国际学术期刊。2009年获第二届"麦肯锡中国经济学奖"。

究主要关注溢出效应。相关研究在经济学与战略领域都很常见，因为大家分析的单位都是一样的（经济学的微观分析单位与管理学的宏观分析单位都是企业）。又比如我在创新、企业出口、对外投资等方面的研究。从 GDP 方面讲，中国很快会超过日本，一定程度上会走日本的路，即对外投资会越来越大，中国的出口也存在转型的问题。我的这两个研究本质上与地理学是相关的，比如，出口到什么地方，投资到什么国家，其中的距离因素是非常重要的。

接下来，我讲一篇具体的文章："中国产业集聚的趋势与决定因素"。这篇文章注重研究中国改革开放对产业集聚的影响。改革开放，一方面强化了市场的力量，因此，市场经济对产业集聚的影响会越来越大，从这个角度来说，我们应该能观察到我国产业越来越集聚的状况。但从另外一个角度来说，中国的改革还有另外一个重要方面，即中央向地方放权。在此过程之中，地方政府的自主权越来越大，他们发展地方经济的动力也越来越大。这方面有许多例子，从改革开放初期的"五小"到现在的房地产业成为地方经济的支柱产业，这些产业受到地方政府许多政策的保护和支持。从这个角度来说，对地方经济有重要贡献的产业，其分散程度会越来越大。

传统上衡量产业集聚的指标有 Gini 系数或 Hoover 系数，这些指标没有考虑行业的特征。例如，有的行业只有三五家企业，比如中国的移动通信产业，如果不考虑产业结构，那么这些产业自然在区域上非常集中；还有一些行业有许多家企业，像纺织业，如果不考虑产业结构，那么这些产业自然在区域上就非常分散。EG 系数是近年来发展起来的一个衡量产业集聚的系数，是用企业层面的数据来思考一个行业里面企业大小的分布情况，因此较传统的指标有优势；但这个指标需要企业层面的数据。我的这个研究使用了我国制造业企业的大规模数据，可以计算 EG 系数。

区域单位的选择在产业集聚研究中非常重要。假如有两种情况。第一种情况下的区域单位是省份，第二种情况下的区域单位是城市，两种情况下分析出来的集聚情况可能非常不同。要解决这个问题有许多的方法：第一种方法是使用反映企业实际经营活动的区域单位，美国有这样的东西，中国的行政区划一定程度上也反映出这样的东西。第二种方法是使用企业的实际坐标。一位地理学者和一位经济学者在 2005 年的 *Review of Economic Studies* 上发表了一篇文章，他们使用英国企业的具体位置坐标，进行误差不超过 50 米的测量。第三种方法是使用不同的分析单位做稳健性检验。我们使用省、市、县作为分析单位进行数据分析。我们使用中国经济普查的数据，从 1998 年到 2005 年的数据。好处是：首先，1998 年以后的数据质量好一些；其次，我们做了大量的数据整理工作，主要是两点：①根据需要进行准确的产业分类。我们对 2003 年企业产业代码变动进行了处理，手工找出来企业新的产业代码。②根据需要进行准确的区域分类。企业的区域代码可能会有差错，比如我们自己可能不知道自己学校的邮编是多少。作为企业来说，他填的邮编、所在县区的代码，也很可能是错的。另外,县区代码随我国行政区划调整发生了很多改变。为解决这个问题,我们找出企业的地址,将邮编和县区代码相对照,发现所有企业数据中有14.9万个企业/年份观测值的区域代码需要调整。从行业来说,中国的工业代码在2003年变过一次,导致企业2003年前后的代码不一致。企业还是那个企业,但是产业变了。这些变动有一对一的变动,也有一对多的变动,还有多对一的变动。这需要手工调整,工作量很大,我们为此做了大量的数据整理工作。

我们的研究发现,中国制造业产业的集聚趋势和程度,无论是按两位数、三位数,还是四位数产业代码计算,从1998年到2005年每年都在增加。

我们还比较了中国与其他国家的产业集聚程度。虽然跨国很难比,但我们控制了行业的企业规模、结构,在一定程度上可以做一个参考。我们对比了美国、英国、法国的情况,其中美国和中国的产业分类数量和区域数量差不多,比较可比。我们看到美国的集聚程度较低的产业只有10%,中国是76%,两国差距比较大。虽然不是一个时间点上的数据,但是中国数据的时间点比美国的晚,基本上反映出中国的产业集聚与发达国家水平相比存在的巨大差距,这需要一个很长的历史过程去调整。

本文的第二部分是用经济学的工具变量方法研究影响中国产业集聚变化的因素。传统意义上影响产业集聚的因素有外部性、资源禀赋和规模经济,但是中国有一些特别的方面,比如有地方保护。地方保护是很难测量的,所以我们试图用一些间接的方法测量,我们试用过每个地区产业的税收贡献,但这个指标有一个较严重的内生性问题。

在文章修改过程中我们使用了地方国有企业所占比例这一指标。中国的地方政府有一定的积极性去保护国有企业,因为国有企业可以为官员提供一些私人的好处,比如安排一些亲戚进去之类的。其次,中国的社会保障不太完善,需要国有企业发挥一定的社会保障功能。所以,基于这样一些理论基础,工具变量比较好找。在产业分类方面,我们使用三位代码行业,因为这与中国的投入产出比较符合。在区域单位方面,我们以县、市、省为单位分别计算出EG系数。我们最关心的是地方保护对产业集聚的影响。

我们采用了一些方法来控制内生性问题。我们找到改革开放早期我国各产业国有企业的比例作为工具变量,因为那个时候的国有企业比例主要是依据政府计划,与我们所说的一些影响中国产业集聚变化的市场因素关联不太大。改这个文章的时候,我意识到为什么地理学的概念经济学很受欢迎,部分原因是经济学经常看因果关系,需要工具变量。在人类的历史中,区域当然变化不大,容易找工具变量;但是行业变化非常大,比如许多行业可能30年后不存在了,无法找到工具变量。

我们在研究中对工具变量的选择是否合适进行了检验,这方面的方法就跳过去了。我们还控制了一些传统意义上的外部性,如规模经济等因素,在控制了这些因素的情况下,我们的结论还是有的。

这篇文章是一个例子,说明经济学者如何使用主流经济学计量方法分析一个结合地理学的概念。我就说这么多,谢谢大家。

刘卫东: 谢谢路江涌副教授。他的例子说明一个问题,先有人的交流,才有方法的交流,所以我们先要与其他学科的人交流。特别是在座的男孩子要找女朋友,最好找经济学科的;女孩子也是一样。在座的像王铮教授,对江涌讲的这些数量方法应该不陌生,因为大家用的数量方法还是比较相近的。但是后面进一步的研究视角还是有所区别的,一会儿大家讨论的时候可以讲一点儿自己的感想。下面有请北京大学的王缉慈教授。前面江涌讲的是产业集聚,现在请王老师讲产业集群,这是地理学的研究。

产业集群的地理学研究

王缉慈

（北京大学城市与环境学院）

非常感谢会议对我的邀请。说起地理学研究，我是坚定的地理主义者，但是我的研究很难说是什么学，我实在是受到各种学科的影响。我参加 IGU，我看过经济学、管理学、社会学的很多文献。我从 1980 年开始研究产业集聚，到现在是 30 年了。那时受到陆大道文章的影响，就研究工业成组布局，到山东淄博南定调研铝工业区，一直到现在。我最近在台湾对徐进钰老师说，我快退休了，我评价自己对学科起了什么作用呢，充其量是承上启下的作用。在上面，我的老师教我哪儿生产什么、哪儿生产什么，这是经济地理；我对下面影响到一些年轻人的成长，只能是一辈子起这么一个作用。

我今天的 PPT 准备的比较多，时间有限，我就跳过去，给我的任务是讲方法方面的。我经常形容我自己的学习方法，叫"顶天立地"。"顶天"是看文献，"立地"是做调研；还有，就是观察周围的事物。比如今天这些人来开会就集聚了，散会就分散了。为什么街上有人吵架许多人就集聚起来围观？我就这么观察，为什么洗衣店旁边有缝衣服的？还有，关注媒体报道、进行各式各样内容的网上搜索。许多人说你是怎么搜索的？我说我是一个一个地搜，从 1 到 20、到 30 全部点击，有时候点击两个钟头，就能够知道哪儿是哪儿了。我想知道什么样的人在集聚，什么样的企业在集聚，什么样的产业在集聚。卖婚纱的有集聚，卖羊肉串的也有集聚；总而言之，许多价值环节都有集聚，从高端到低端的环节都有集聚。另外，在哪儿集聚？为什么集聚？还有，我们为什么研究集聚？集聚有什么好处、什么坏处？集聚有一些坏处，有时，人们集聚在一块儿就打架了，不聚集在一块儿，人很散，反而很平安。另外，为什么学术界和政界、商界关注集聚？文献里面描述的集聚与现实有什么不同？或者是有什么发展。

王缉慈（1946— ），北京大学城市与环境学院教授，博士生导师，兼任国际地理联合会（IGU）经济空间动态委员会指导委员。先后主持多项科研课题，完成国家自然科学基金重点项目"中国产业集群的理论与实证研究"等。著有《现代工业地理学》、《新的产业空间——高技术产业开发区的发展与布局》（合著）、《创新的空间——企业集群与区域发展》、《超越集群——中国产业集群的理论探索》等。发表中英文论文近 200 篇，代表性论文有"an Analysis of New-Tech Agglomeration in Beijing: a New Industrial District in the Making?"等。

从古到今都有集聚,所以集聚是一个古老的话题;方方面面——不同的行业、不同的学科都关注集聚,所以有大量的文献、大量的理论、大量的概念。关键是要读这些文献。还有就是,我的研究是实地调研,要从企业入手研究区域。1994 年有一篇文章,是马库森(Markusen)写的,发表在 *Professional Geography* 刊物上,题目是"Studying Regions by Studying Firms"。我已经把这篇文章的图放在我的《创新的空间》那本书里了。从地理学角度研究集聚,一定要走到那个区域去。我们一般是分两步,第一步是开两个调研会,一个是召集政府各个部门的,一个是召集一些企业的,有时候开三个,还有一个是行业协会的。然后问许多许多的问题,都是关于集聚方面的问题。第二步,就是一个企业一个企业地去跑,所以我们跑得很辛苦。关于概念研究(简单说一下,我也用英文,2005 年我有一篇文章编在一本书里[①],这些都是那个文章里面的东西),我想说明的是,产业集群包括两个含义,一个是地理靠近,还有一个是 linked。就是这两个东西,会促使成本降低,可能会促进相互学习,也可能不会促进相互的学习;另外,可能促进创新,也可能不促进创新。所以就需要政府干预。

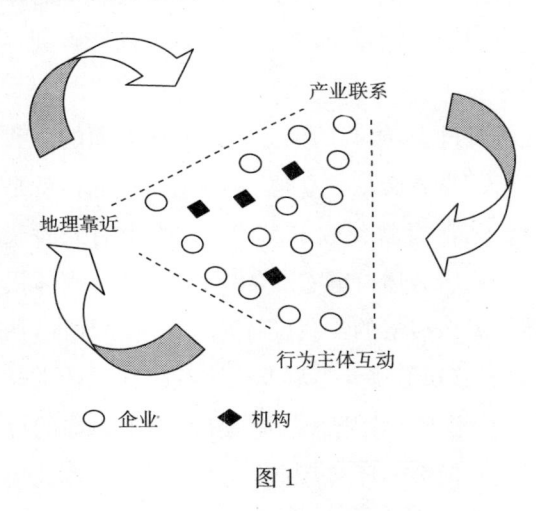

这是我为我的新书画的图(图 1),画的时候我觉得正三角有一点太规范了,所以斜一点。产业集群的三个特点是产业联系、地理靠近,还有行为主体互动。行为主体是什么?有两部分,一部分是企业,一部分是机构。企业包括供应商、制造商、生产企业、服务企业;机构包括大学、科研院所,还有许多的合作机构。合作机构(institution for collaboration,IFC)非常重要,它是发达国家集群概念的核心。其实在集群研究里面也有许多别的概念,比如城市化和地方化。城市化一般没有非常强调产业部门,但是地方化非常强调产业的部门特征。现在的产业集群与产业园区两个概念是混淆在一起的,在国内是如此。另外,国内往往把集群看做是经营的地点(site of operation),而没有理解集群是互动的地点(site of interaction),可能产生知识溢出。新的集群概念,即发达国家集群的概念是促进企业之间互动的地点。我们国家现在大量的还是投入产出打造产业链的概念。

图 1

[①] Wang Jici 2007. Industrial Clusters in China: the Low Road vs. the High Road in Cluster Development. In Scott, A., Golifoli, X. (ed.) *Development on the Ground: Clusters, Networks and Regions in Emerging Economies*. London: Routeledge. pp. 145-164.

另外，发展中国家的集群研究过去都用发达国家的理念，只是强调本地的互动；但是现在看起来，我们的许多集群都是与国际相关的，是国际上产业分散的结果。这一点下面也还会说到。

还有关于使用集群方法的危险性。我最近写了一本 40 万字的书，马上要出版了，里面讲了许多这方面的内容。一定要区分发达国家的集群与发展中国家的集群，这两个差别太大了，甚至是完全不同的。我最近正在写的书里面有一句话很突出：产业集聚是一个中性词组，为什么研究了 30 年才提出这个呢？从演化的角度来说，产业集聚区也是会衰退的，像现在的底特律，这次金融危机就看得很清楚了，所以一定要有这样的看法。

另外一点，关于研究概念的深化和分析的难度。这是借鉴别人文章的意思画的图（图2），越往上分析越难，地理邻近与产业联系、协同效应就已经很难分析了，知识溢出就更难了。

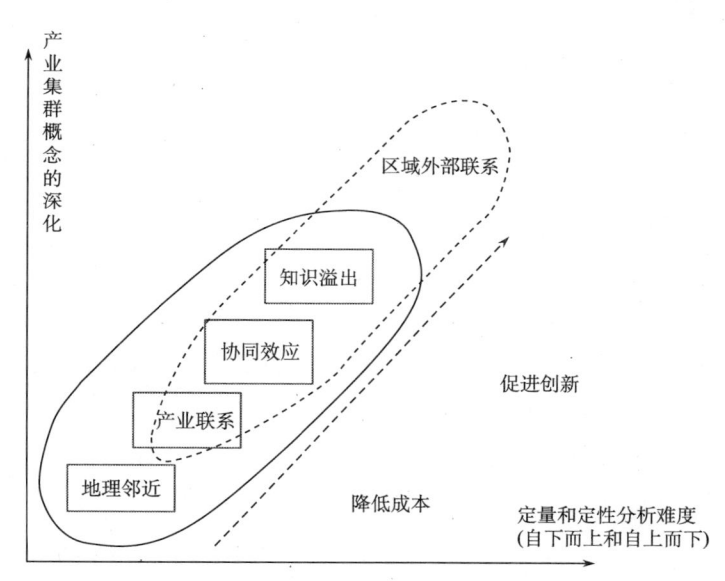

图 2

研究的问题意识（research question）。从大的方面来说，到底是打造一般的集群还是使集群创新，对中国来说是非常重要的。经过这么多年的研究，我体会到中国的所谓产业集群，所谓的广义的产业集群，对于发达国家跨国公司在中国进行廉价采购非常有意义，像宜家、宝洁等企业，都专门找我，想知道中国什么地方有集群。但是从现阶段来说，中国的集群对创新型国家能力建设的作用非常有限。

下面谈几个视角：一个是产业部门的视角。有许多不同的产业部门，一些是集中型部门，像钢铁工业、煤炭等这些是集中型的，应该发展大企业集团。我们过去对许多工业综合体、地域生产综合体,都有大量的研究。这是我画的示意图(图3),如果用两个距离轴组成平面,一个区域里面可能有一个大企业,也可能另外一个产业部门在一个区域里有许多的企业,有大企业,也有小企业。不同产业部门和不同区域里面企业的规模结构是不同的,这个需要了解。

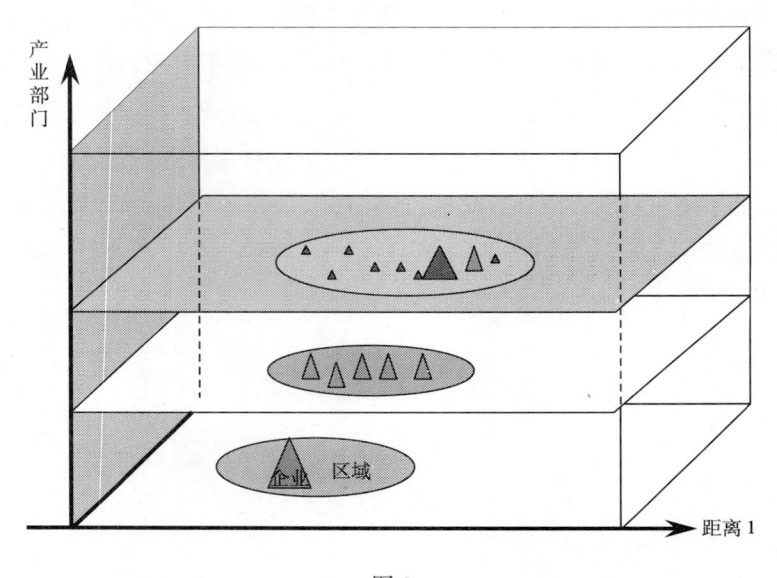

图 3

关于集群的家族,有高技术的,有创意产业的,有低技术的,像意大利式的产业区,是创新性的低技术产业区。还有一类不包括在这里面,那就是机械产业,像汽车、拖拉机、农业机械等。这些产业集群为什么没有包括在我的研究里面呢?很多年以前,从日本的下请制开始,关于转包等就有非常成熟的理论。我最近看到刘卫东和宋周莺在《地理学报》上有一篇文章,我觉得那篇文章关于时间因素对集群的影响写得很好,可惜没有来得及在我的新书里引用,这里还有一大块儿需要研究。

从部门来说,从高技术到低技术,从创意到非创意,从研究开发到制造,这许多产业环节都有集聚的现象。另外,从地理范围来看,从国家范围(尺度)可以看到集聚,刚才路江涌先生也谈了这个问题。我举一个例子,比如家具,全国有四个大的集聚区,而广东省又有四个集聚的区域;在这四个之一的佛山市,我们又可以看到佛山市的家具产业集聚在佛山市东南的几个镇子,有乐从等。这几个镇有不同的分工,乐从是市场、龙江是家具生产、伦教是木工机械、勒流是五金、容桂是涂料,中国三大油漆都在容桂。

从历史演进的过程来看,比如说鞋,有男鞋、女鞋、休闲鞋、皮鞋、拖鞋等,它们的集聚情况是怎么形成的? 湛江生产拖鞋,这是怎么形成的? 东莞厚街有许多的鞋企,改革开放初期,台中的鞋业企业开始转移到东莞,先是有了给耐克做代工的宝成,在香港注册名称叫裕元,在东莞做鞋;台湾的另外一家,国荣,是从台北三重镇到佛山市南海区的里水投资,也带动了那一带鞋业的兴起。关于这种产业集群的兴起有许多的故事。

这是我自己拍的相片,我不得不在汽车里面往外拍,没拍到工人。刚才说到宝成从台中来到东莞,形成东莞一带的集群;在台湾注册的裕元现在到江西的宜春投资,形成一个裕盛,也是非常正规的企业;还有从温州过来的沙滩鞋,一下子30多家企业,又在上高县形成了集群。因为上高有7 000多人在东莞打工,他们就做了调研,然后跑到打工者的家乡去投资了。

我的书一二月份就要出版了,我们全面论述了怎么样观察中国的产业集聚现象,怎么样从全球化的角度看这个问题。就先说这么多,谢谢大家。

刘卫东:谢谢王老师。王老师是把产业集群研究引入中国的第一位学者,至少是第一位地理学者。她在这个领域是权威的。通过王老师所讲的有关产业集群的东西,我想大家至少感觉到了两点:

首先,王老师讲了她的工作方法。经济地理学的主流工作方法,特别强调实地的调研,去到那个地方看,了解具体的情况。这就体现了与主流经济学研究的区别。经济学研究的是抽象的世界,不太关心实际是什么情况;而地理学家的主流做法不是这样。当然,这也不是绝对的,如王铮教授与路江涌教授做的研究就比较像,都侧重抽象的东西。但是,大多数地理学者都是像王老师这样,比较重视真实的世界,强调做实地调研。王老师为什么做得很成功呢?大家不知道她跑过多少乡镇,做了多少集群研究。这是她成功的一个基础。

其次,地理学家研究集聚或集群往往会使用地图。江涌在做集聚研究的时候,可能没有想到用地图。希望江涌在研究地区的时候多用一些地图。

最后,我们有请中科院地理资源所的刘彦随教授,他是长期研究农业地理和乡村地理的学者。他最近研究较多的是空心村问题,他发现空心村整治的土地潜力非常巨大,给国家决策提供了很多帮助。

新农村建设的地理学思考

刘彦随

（中国科学院地理科学与资源研究所）

非常感谢第五届人文地理沙龙的组织者给我提供了这样一个学习、交流的好机会。我今天报告的题目是"新农村建设的地理学研究"，我想借此机会向在座的各位长辈和同事们汇报一下自2006年以来，我们在开展国家自然科学基金重点项目"我国东部沿海地区新农村建设模式与可持续发展途径研究"实地调查时发现的一些农村发展新问题，及其初步的研究成果。2006年，我们中科院地理资源所恢复了农业地理与乡村发展研究机构，成立了区域农业与乡村发展研究的创新团队。在国家破解"三农"问题战略与科技需要日益旺盛的今天，我们深感加强学科交叉和深化乡村地理专业研究的重要意义，也感到肩负的责任重大。

我报告的内容包括五个部分：新农村建设是"破解"之举；新农村建设的"学派"之别；新农村建设的地理学命题；新农村建设研究的地理学思考；以及新农村建设的研究实证及应用情况。

一、新农村建设是"破解"之举

国内地理学者对"三农"问题的研究由来已久，早在20世纪50年代就倡导"地理学要为农业服务"。目前对新农村建设如此重视，是因为我国的"三农"问题很有可能在短期内演化成非常严重的社会问题和政治问题。其根本的症结是我们的体制，特别是城乡二元体制及其造成的城乡割裂矛盾，使城市与乡村不能协调发展，两类人的身份使农村人口长期以来不能参与社会的良性分工和应有的权益保障。现在城乡收入差距不断拉大的问题固然是非常严重的经济问题，但从农民的声音来看，他们对收入差距并不太看重，而是更看重社会地位的差距和利益的剥夺；另外一个是环境的差距也在日益拉大。所以，我们说，发展中的城乡收入差距为3：1不可怕，甚至4：1也不很可怕，更可怕的是农村的环境问题与社会问题。

社会主义新农村建设是党的十六届五中全会正式提出的重大战略，提出了"生产发展、生活宽裕、乡风文明、村容整洁、管理民主"的20字方针。我国解决"三农"问题、统筹城乡协

刘彦随(1965—)，中国科学院地理科学与资源研究所基地研究员，博士生导师，区域农业与农村发展研究中心主任，土地利用规划研究中心常务副主任。主要从事土地科学（土地利用、土地退化与土地评价）等领域的研究工作。

调发展,新农村建设是总抓手、是"破解"之举。新农村建设具有乡村地域系统的整体观,突出物质、精神、政治与生态"四大"文明。按照发展方针,可以把新农村战略定位在破解"三农"问题、缩小城乡差距、发展农村生产力,为促进增长、保障民生、强农富民开辟新的途径。我国提出全面建设小康社会,新农村建设是其重要的切入点或者是手段。同时,新农村建设之所以被称之为"破解"之举,是因为该重大战略的提出,为我国乡村地理学的振兴与发展提供了新机遇。由于新农村建设重大战略的提出,才有了我们的研究机构与团队建设;否则的话,就没有今天的新农村建设的地理学研究了。

二、新农村建设的"学派"之别

政府官员、管理学者,以及一些社会学者、经济学者、地理学者都在关注和研究新农村建设,但研究的专业视角与着重点有所不同,所提的观点也不一样。从政府官员来讲,他们比较关心如何推进"成排成片建新村";从管理学者来讲,他们比较关注农村的基层组织建设和管理的规范;从社会学者来讲,他们比较关注城乡差距与阶层差别拉大所带来的诸多不公平的社会问题;从经济学者来讲,他们则对城乡要素流动的配置与利用效率比较关注。而作为地理学者,我们着眼于城乡协调发展、乡村空间优化与乡村地域系统的可持续性方面。

我们对新农村建设问题做过一些文献梳理,发现关注新农村建设具有普遍性。在20世纪50年代,英、美等工业化先行国家也有过类似问题;70年代初,日、韩等新型发达国家的农村发展建设,特别是韩国的新农村运动,给了我们很多的启发。事实上,早在20世纪30年代,新农村建设在我国就有过运动:早期的晏阳初、梁漱溟等著名学者极力推行新乡村运动,在南京晓庄、重庆北碚做过乡村运动示范。但为什么"号称乡村运动而乡村不动"?用梁漱溟自己的话说就是:"我们未能代表乡村的要求!我们自以为我们的工作和乡村有好处,然而乡村并不欢迎;至少是彼此两回事,没有打成一片。"

1975年的《河北林业科技》报道"深县后屯大队在建设社会主义新农村的大道上阔步前进",可见关注新农村建设由来已久。但是我们的研究是落后的。从地理学的视角来看,新农村建设的研究绝不是跟风、不是政治口号,我们要用地理学综合性、区域性的视角来研究它,且对新农村建设的诠释具有鲜明的空间观,即从宏观、中观到微观的空间。地理学者更加关注农村发展的地带性、地区性和地方性,关注理论与实践的有机结合,从理论到实证层面,既重视区域差异、成因规律研究,也重视其空间组织和典型模式的探索。面对国家战略需求的决策实践,我们还关注新农村建设的长效机制与政策的创新,以及典型区域发展模式的示范和推广。

新农村建设问题还有一个空间尺度问题。笼统地谈农村的发展是不妥的,因为它在空间上是层次递进的。从宏观区域、市县尺度,到乡镇、村庄点,每个层面都有地理学者值得重点关注的问题。比如,在区域层面重点关注农村发展的时空态势与动力机制;在市、县层面重点关注农村发展的特色与问题；在村镇层面重点关注区域主导模式或典型案例。地理学研究新农村建设的生命力就在于深入基层，发现现实问题，梳理科学问题，应用专业理论与方法研究关键问题，努力回答国家战略、地方和部门所关心的科学规划与决策问题。

三、新农村建设的地理学命题

我这里就简要地点一下。

1. 乡村地域系统演化。我们在许多时候只从静态看问题，这是不妥的，应深入研究农村结构与格局动态变化的节律性（时空规律）、层次性（尺度转换）、差异性（空间型式）及功能性（区域效应）等方面。

2. 城乡要素有序流动。主要有土地要素、资本要素、人口要素、政策要素。市场经济条件下，我国的土地要素流动不像其他要素那么流畅，仍存在较多的机制和政策问题，亟须入探讨城乡同地同价、同权的产权制度和机制创新等一系列前沿问题。

3. 城乡地域类型格局问题。应关注新农村建设的类型差异、空间分异与动力机制等理论问题，以及优化农村资源配置机制和推进主导功能空间管治的实践模式，突出农村地域系统的多功能性。

4. 乡村地域空间重构。对于新时期的城乡关系，我们强调平等化与一体化。我们认为城镇化是促进乡村发展的一个重要途径，但它并不是解决乡村问题的唯一途径。新农村建设本身是特别重要的，一味把农民推向城市，二亿多进城农民工不能安居乐业，只是把计算城市化率的分子加大了，这不能算是破解"三农"问题和新农村建设的战略举措。全国有656个城市，城市等建设用地面积仅占3.4％左右。全国约有330万个自然村，96%以上的用地在乡村地区。散乱布局的小村落，如何与中心城镇联系和对接呢？我们的观点是，大力推进农村居民点的组织、产业与空间"三整合"，优化城乡空间结构，搭建统筹城乡发展的新平台。

5. 乡村发展地域模式。自然地带性与经济发展的区域差异性，决定了新农村建设模式的多样性。在实践中，各地都有一些成长性好、示范性强、特色突出的典型样板或模式，如果从地理学的视角对其成长的地理背景、动力机制与时空效应进行深入研究，可望在体现模式的内生性、地域性、引领性、示范性方面，为新农村建设提供亟需的科技支撑。

6. 农村空心化时空动态。在城乡转型发展进程中，随着农村经济、社会结构的变化，大量农口非农化和农村主体的明显弱化，农村空心化发展加剧，包括人口、土地、产业和基础设施等都存在一系列的空心化问题。在这一方面，地理学者应当特别关注人流轨迹、资源态势、地域类型、时空规律、整治策略的深入调查和探索。

四、新农村建设的地理学思考

首先是基础理论：

1. 城乡地域系统"融合模式"。长期以来，地理学者基本上是把城市和乡村作为两大地域单元来研究的。城市地理学基本上围绕城镇结构、城镇体系等研究,而乡村地理学的内容相对宽广,近年来农村村庄层面的研究关注得更多。城乡两个方面没有很好地对接,因而统筹城乡发展需要在区域城市化与农村城镇化之间有一个城乡一体化推进的融合过程。

2. 农村空心化的"生命周期"。我们团队在山东利用高分辨率(25cm)航空遥感影像调查了100多个典型村庄,发现改革开放以来在快速城镇化进程中农村的空心化是普遍存在的。因而,空心化不可怕;怕的是在一定程度上产生了空心村,而我们的规划决策者却视而不见。我们的初步研究发现农村空心化具有一定的节律性,它有出现、成长、兴盛、稳定、转型或衰退期。因此,空心村的土地整治,既不可错失良机,也不可操之过急,而应踩准节拍,遵循其生命周期规律。

3. 乡村地域演进"空间型式"。农村空间扩展演化的主动力来自三个方面:城市化的吸引力;农村内部的离心力;不断增长的农民收入与消费能力。农村人口的非农化转移、进城,是产生空心化的重要原因。同时,由于早期农村普遍没有规划,其路巷狭窄、地势低洼、环境恶化等问题,也使农民对选择新的居住地充满向往。而长期以来,农村土地管理松散、审批随意,使有了一定收入和支付能力的农民按照自己的意愿选择区位较好、地势较高的地方建新房成为可能;当然随之而来的是"一户多宅"、"建新不拆旧"的浪费资源问题。在建房的区位选择上,早期主要是水土资源依赖,后期便转向交通便捷性、区位中心性。于是,在新建或改造后的道路沿线,形成一些外围的建房圈,外扩内空,形成"荷包蛋"型式。

4. 乡村地域重构"三整合"。前面已谈到,针对普遍存在的"城少村多"、"城小村乱"的城乡居民点空间关系不协调问题,新农村建设的地理学研究理应把促进城乡要素有序流动和乡村空间优化重构作为重要的理论依据,因地制宜地推进农村的组织整合。还有产业整合、空间整合问题,这里就不展开了。

5. 城乡地域结构优化理论。城乡空间组织优化,是新农村建设和统筹城乡发展的重要前提与平台。在山东禹城市的村庄整治与中心村建设实践中,我们引入了地理学的经典理论——克里斯泰勒的"中心地"理论,找到了一些支撑城乡空间重构的理想"中心地",形成了城市—中心镇—中心村(社区)及一般村庄的地域格局,为推进"迁村并居"空间整合提供了理论指导。在城乡地域结构优化的基础上,需要重点打造新农村建设的六大体系,即城镇—集镇—中心村(社区)空间体系、农村水土资源优化配置复合生产体系、农村宜居空间及生态环境支撑体系、农村公共资源优化配置及服务体系、乡村文化传承与地域多功能保护体系,以及农村产权制度与机制创新保障体系。这些决定着我国农村的道路怎么走的问题,是地理学特别是人文地理学需要深入研究的几个重要领域。

其次是研究方法:

1. 数据采集方法。国内地理学界长期以来存在一些学科批判倾向,比较多的是讲数据采集与研究方法上的差异。事实上，随着研究对象和问题的系统化与复杂性，人文地理学研究的数据采集与研究方法不可能仅依赖统计资料和简单的定量分析。近几年来，我们在农村空心村调查、评估及新农村建设模式研究中，主要基于高分辨率遥感影像、实地调测和农户调查等途径获得一手数据。比如评价得出了通过对农村废弃、闲置等建设用地综合整治，可净增耕地率在 13%—15%，这一数据已被政府部门所采纳。还有多学科交叉和多模型方法集成应用，如地理学、社会学、经济学、农学等领域的学者，以及学术机构、国家部委、地方政府密切结合，进行多主体联合攻关。包括与农民打交道，尊重农民的首创精神和建设愿意，向农村能人、农民学习并同他们交流。如果农民不答应，那任何想法和做法都将是行不通的。

2. 多尺度转换方法。多源数据的整合与多尺度转换是比较有效的研究方法，包括对多源、多时相遥感数据的引用，根据研究对象和目标的不同，可能选择高分辨率正射航空相片、Q-bird、Spot5、TM 等不同分辨率的遥感影像。基于遥感影像，配合地面典型样带、样区、样点的布设调查，可通过尺度转换技术方法，实现从村庄宗地、村域、镇域到县域、省域甚至全国的不同尺度的深入研究。

3. 系统模拟与分析。对于乡村发展与新农村建设时空规律的研究，需要借助于系统模拟和空间分析方法。比如刻画特定乡村地域系统演进的三个模型，分别是发展度、差异度和动态度。比如揭示地带性规律的典型样带模拟，我们国家重点基金项目组在沿海选了三个典型样带，像图中从上海到苏北（沿 204 国道）样带，涉及 50 个县市，模拟其梯度推移的规律及其强度变化很能说明问题。比如模拟一定区域村庄的演化动态格局，我们课题组在山东禹城市，按照城乡空间组织的六边形理论，选取了村庄规模、人口、产业、就业、收入、区位等方面的指标，进行了未来村庄发展演化格局模拟，目前是 1010 个村，模拟近期优化保留 308 个，推进社区化管理，设立党总支，模拟远期保留 156 个；同时明确哪些是适宜发展的，哪些是逐步要取舍的。这样的结果就对地方政府的管理和决策有用。此外，还重点模拟和解剖了一个村。左面这张是 1967 年的航片，右面这张是去年 3 月份的航片，通过范围、结构和利用的对比分析，得到了比较惊人的结果：该村 40 年来村域宅基地增加了 3.5 倍，造成的耕地损失率达 20%。中国那么多村庄，人多地少，有限的土地能供多少个 40 年来折腾？

五、新农村建设的研究实证及应用

近年来，国内人文地理学研究比较关注国家战略需求和地方、部门发展需要，深入开展面向实践和基层的实证研究。典型案例和成果很多，因为时间关系就不细谈了。

我们创新团队在坚持新农村建设调查和研究的五年来，深深感受到我国"三农"问题的严重性、地方政府在推进农村发展方面存在的盲目性，及其对专业知识和理论需求的迫切性。为此，我们侧重加强了三项工作：

其一是深入基层，支持、开展典型调研和调查，积累一手素材和数据，发现基层新农村建设面临的突出问题，并开展跟踪研究。这也作为博士生培养的重要环节。

其二是加强集体研讨与科研。去年以来有 50 余篇文章发表，其中 10 多篇文章发表在 SCI 杂志上。

其三是积极开展政府咨询建议，将调研发现、研究成果及时转化为决策参考的依据。比如，我们在空心村综合整治潜力调查，农村土地流转障碍因素，粮食主产区、林区、矿区显现出的"新三农"（粮农、林农、矿农）问题，空心村整治还田还林保增长、保民生，以及建设低碳乡村对策等方面，撰写了多个咨询报告，被中办、国办采用并得到了国家领导人和部长、省长的重要批示，有的建议已由相关部门具体落实。作为一名普通的地理学者，比较兴奋的是能够为国家和地区发展决策做出贡献，这是一件非常幸运和高兴的事情。

最后，我想小结一下报告的观点作为结语。"三农"问题上升为全党工作的"重中之重"，面向国家战略需求，地理学应天然地为解决"三农"问题服务。应深入研究一个立体的农村发展问题和融合的城乡关系问题，核心是城乡要素有序流动和空间优化重构，应关注城乡地域系统的整体性和乡村地域的多功能性。快速城镇化和农村空心化，是城乡转型发展过程中两个同等重要的问题。人文经济地理学的实证研究重心应下移，应密切关注村域微观问题，发展村域地理学，新农村建设研究是其基本切入点。毛主席教导说："农村是一个广阔的天地，在那里是可以大有作为的。"欢迎更多地理学者到村里来。

在座的有许多位领导专家，建议大家更加关心和支持中国农村发展的研究机构、人才队伍建设。只有大家共同努力，才能解决复杂的问题，并彰显出我们地理学的专业特色。谢谢大家！

刘卫东：刘彦随教授所讲的是比较典型的地理学或者是经济地理学的研究，从实地调研开始，然后作研究分析，得到一些很重要的结论。他最近的研究结论很重要，他估计黄淮海平原治理空心村可以整治出几千万亩耕地。耕地是总理脑子里重要的一根弦，如果通过空心村的整治可以多出五千万亩耕地，那是了不得的事情。下面有请三位评议人发言，每人不超过五分钟。

特邀评论

王士君：不敢说评议，有这么难得的机会，我就谈一点学习体会。

上面四个报告很精彩也很有意思，可以分两组对比来：一组是关于城市化与"三农"或者说新农村问题的，沈先生与彦随教授的报告属于这一组；另外两个报告是关于工业集聚或者是产业集群的，都属于产业地理领域。

从这两组报告分别来自经济学者和地理学者，可以看出经济学者与经济地理学者看待同样问题时的视角、思维方式、方法以及基于这些而产生的思想观点的不同，以及对于这些科学命题的研究目的的差别。我感觉是如此。比如沈先生的报告与刘彦随的报告，一个是经济学的，一个是纯粹的经济地理学的，两个报告的研究领域相同，相互之间有共同点和交叉点（即看待问题的社会视角）；但是二者的区别也很大，比如沈先生谈城市化的时候首先从城市类型，尤其是城市的经济类型入手，而地理学者看待城市化问题时，往往从城市化水平、地区差异、形成原因、动力机制等方面入手；沈先生直截了当从城市的经济类型入手，研究我们国家城市化四个发展阶段的一些特点和类型。再如提到农村城市化，沈先生侧重考虑经济要素，如农业转化成非农产业，考虑成本核算；而地理学往往考虑产业和人口的非农化、景观的非农化，以及整个地域的城市化。可见在思维方式上还是有区别的。

从方法上来讲，也可看出一些区别。同样的问题，经济学者更多从效率、效益入手，通过算账式的方法来展开；而地理学者则善于通过要素综合的方法来说明问题。比如路教授和王老师的报告，涉及产业为什么集聚、怎样集聚的问题，这时候王老师更多地考虑空间要素，路教授则更多地基于生产要素来考虑，经济学比地理学论证得更微观、具体一些；此外，在考虑产业集聚效果的时候，地理学者更多考虑区域效应，经济学者考虑对企业的影响，都体现出视角、思维方式和方法的差别来。

由于视角、思维方式和方法的差别，导致得出的结论、思想观点不一样，甚至是相互碰撞。比如沈先生谈到城市化发展过程，1978年被认为是抑制时期；对发展趋势，沈先生认为应该搞大规模的城市化，城市化是"三农"问题的治本之策；而地理学者考虑城市化发展要有一个度，不能大规模地城市化，不能搞城市化"大跃进"，绝大多数的地理学者也支持这个观点。这里就有一个思想火花的碰撞。再比如，沈先生说可以通过城市化解决"三农"问题，而刘彦随认为可通过城乡统筹、城乡融合解决"三农"问题。这些都是因为有不同的视角、思维方式而出现的思想火花的碰撞,这也是很正常的。

另外,通过这几个报告,我感觉到学者们对问题研究的目的也有所不同:经济学者通过抽象化或者是建立假设,使得经济学者的研究更加有学术味,更多地考虑问题研究的必要性;至于可操作性和可行性,经济学者不太在意。而地理学者还要考虑政策咨询、完成政府任务,即将来这个研究成果的去向。这是研究目标的不同。

我才疏学浅,对以上四个报告还没有完全吃透,理解和认识有限,这只是我的一点初步体会,不妥之处还请海涵。

刘卫东: 沈教授和刘彦随教授讲的不矛盾。沈教授讲的是规律性的东西,我们承认只有农民大部分进入城市才能解决问题;彦随教授着眼于眼前的实际问题,短期或者三五年内让农民都进城,恐怕不行。这里没有矛盾,只是研究的视角和面对的问题不一样。下面有请张平宇教授。

张平宇: 很高兴今天能参加第五次人文地理学沙龙,说评论根本谈不上,我就是来学习的。听上面几位专家的报告,我收获很大,启发很大。从方法的角度着眼,刚才王士君教授从总体上宏观地谈了,也反映了共识。

首先,我从另外一个角度提一点认识,不是对前面几位专家的评论。我觉得作为地理学者,在注重地域差异、空间分析和地域综合研究的同时,如何能够更注重揭示单要素的地域差异规律?这样我们的研究就更深刻了。这里的一个关键问题是如何细化对某些具体要素的剖析。并不是说这样做更容易揭示规律,而是说更适当一些。前面两位经济学者研究问题的方法更多地侧重在具体模型建构和具体要素分析上,比较清晰,这也是我今天听报告受到的启发。

第二个问题是关于产业集聚与集群的研究。我说的不一定正确,好在王缉慈老师是我们国家地理学界研究这方面问题的领头人,对这个问题掌握全面。这几年我参加了一些政府关于产业集群、产业集聚的规划研究评审会,大家对这个问题都比较重视、比较热衷,但理解得不准确。王老师报告中提出把产业集群作为一个中性的概念,这是一个学者较为公正、科学的判断。我现在想,无论是经济学还是经济地理学,目前关于产业集聚或者产业集群的研究都很多,但从地理学的视角如何看待产业集群和产业集聚的过程?产业集群与资源环境的关系如何?我曾试图查阅这方面的研究成果并加以分析,才发现关于这方面的研究很少。目前我国的现实问题是,产业集群发育越好的地方,往往面临的资源环境压力和造成的环境后果越严重。这里是不是有什么规律性问题?下一步无论是在国内外的模式对比研究上还是在国内产业集群的案例研究上,大家都应该对这些方面给予关注。

第三个问题是关于新农村建设,刘彦随做了非常漂亮的工作,我就不再给予更多的赞誉了。我认为发展大城市还是建设新农村,都是城乡一体化发展过程中的重要内容,实际上这两者不矛盾,可能大家不一定完全同意这个观点。从发达国家城市化过程来看,总体上还是城乡地域转换、转型的过程。当前城乡统筹问题是我们国家中央政府非常关注的问题。我们应该怎么综合起来研究这个问题呢?到底是应该把城市作为动力还是把农村作为动力来促进当前的城乡统筹发展呢?我认为上午陆大道先生提倡的"人地系统动力学"可以帮助解释这些问题。应该把城乡统筹问题纳入到这个理论框架内加以研究,可以全面系统地理解城市化过程。我觉得不能陷入优先发展大城市还是优先发展新农村的无谓的争论中,受这些观点的限制。我就谈这几点感想,或者是思考,没有观点,谢谢!

吴殿廷:刚才四位说的是一个问题,都是集聚的问题,沈老师和刘彦随老师说的是人的集聚的问题,王老师和路老师说的是产业集聚问题,这就归结为空间。我重点说一下产业集聚,我自己是农村来的,我向往城市,我相信农民向往城市,因为城市的文明质量比较高,第二从经济学来讲,城市是要素高效利用的,包括基础建设,一个村在山里修几百公里,就为那几个人,实际上这种利用方式不科学也不经济,所以我赞成城市化作为当前重要的战略,但是他们讲的不矛盾,大的层面来看应该是推进城市化,现在说城市是社会进步的发动机,城市是科技创新的原动力,几乎90%以上的财富创造都是在城市创造的,要算单位面积的创新成果,城市比农村大得多,而且城市化也是解决"三农"问题的根本出路。我家农村三亩半地分13块,其中一亩多的果树分了七块,每次打药我暑假回来都不记得了,后来就不耕种了。所以后来中央提出建设新农村,农村建设得越好,越不想离开了。我本来想让我姐姐到城市开一个店,她现在说那儿挺好的,现在许多的政策很好,不种地给钱。这样社会就不进步了。

我觉得就是要重视城市,从人文关怀或者是当前解决稳定的问题来讲,刘彦随的观点我赞同。我刚完成统筹城乡发展规划的一些研究,在全国这样提是对的,但是在黑龙江不行,黑龙江恰恰是城里的困难、农村的富裕,我反而鼓励城市下岗职工到农村就业,给农民打工,这样就解决了当前的问题;但是这不是长远的,实际上一个是长远的问题,一个是现实问题,一是治标问题,一个是治本问题。所以我赞成你俩,向你们学习。

自 由 发 言

刘卫东： 现在开始自由发言。首先问一下，发言的几位有没有要回应评论人意见的？

沈越： 包括主持和吴老师，对我的发言的定位很准确，谢谢大家。我没有研究具体的问题，是研究比较长远的思路。

刘彦随： 感谢各位老师的评论。我补充一句，城市化要考虑尺度的概念，现在城市化"大跃进"太严重了。

沈越： 这个观点要回应一下，韩国九年就达到了这个水平。如果你考虑到中国的经济增长速度与美国的工业化速度，中国的城市化不是快了，而是慢了。因为中国的工业化程度是用了30年的时间完成西方上百年的进程，所以说城市化是滞后的。

保继刚： 我提一个问题，是对沈教授提的。前不久我在凤凰卫视上看到，一个经济学家讲中国下一阶段的动力来自于城市化。如果我们假设中国是一个人口绝对过剩的国家，西方的城市化经验是否合适中国？现在，东北已经出现了一些城市没有充分就业。如果我们加快城市化，我们的就业岗位从哪里来？

沈越： 西方的经验当然不适用于中国，因为中国有13亿人口，是西欧加上北美和日本的总和。中国的城市化规模应该远远超过西方，而我们的思想力度也应该远远超过西方。不能用西方城市化的经验来套用中国，这是我的一个基本的观点。

我觉得城市化最核心的一个问题就是创造就业岗位，而不在于户籍问题。户籍问题仅仅是其他一系列问题在户口制度上的一个附着物。而要解决就业问题，核心又是经济发展。最近30年中国的经济发展速度很快，但是我们的城市化进程很慢。我也顺带回应刘老师关于新农村建设的观点：如果我们的城市化进度更快一点，把实际上已经离乡的农民占有的土地资源节约出来，数字会更大。如果这些农民在城市里面有稳定的就业和社会保障，有形式上的户口，那么他们节省出来的土地就不是5 000万亩了，可能是一亿亩,还有可能更多。

保继刚: 这里面有一个悖论,你要城市化就需要资源,而我们又承受不了这个资源,最后会形成无法解决的问题。

沈越: 经济发展是自己给自己创造需求。过去30年,我们发展靠三驾马车,即投资、出口和消费,就是因为城市化进程比较慢,所以不得不更多地依靠出口。而现在西方国家在遭受金融危机之后,消费观念发生了变化,他们不多消费了,要靠我们自己来消费了。这就需要开拓中国13亿人口的市场。第一步使农民富起来,农民从农村进入城市,收入增加了,他的消费就会增加;他进入城市后,不仅是物质消费,还包括大量的服务型消费。在农村这个服务型消费往往是自给自足的,所以通过城市化可以缓解我们现在面临的经济问题。

刘卫东: 中国现在的城市化存在一定程度的抑制问题。在什么地方呢?我们1.4亿流动农民工的家庭大部分没有在城市里,但是他们就业岗位在城市。如果按照正常的概念,他们的家人都应该在城市里。这些农民工现在工作在城市,但是家庭在农村,这抑制了城市化进程。另外,我们在过去长达20多年里,采取的是以出口为主带动经济发展,这存在什么特点呢?就是压低农民工的工资,以保持产品的价格竞争力。所以,农民工的工资不足以支付他们在城市的生活。这是我们发展中存在的问题。

李秀彬: 我觉得参加这个会,听了上午和下午的演讲,让我有了一个很好的学习机会。这个会让不同学科的人在一起,让大家比较一下在研究后面抱有的世界观和方法。我观察了一下,上午历史学者讲了一些"小事",解释了一些"小现象",而地理学者好像使命感特别强。这就让我非常奇怪,好像以前我们读历史,司马光的使命感是非常强的,他要提出一些谋略,这是历史学的使命;而当时的地理学家就是算命,是特别民间的,告诉你什么位置是什么含义,告诉你怎么安排生活。现在我们的地理学者使命感非常强,我们要改造旧山河,我觉得这是一个问题。因为我本人是搞地理的学者,所以我就自省一下。刚才有发言说我们地理学者天然地要研究农业和农村,我就套用一下"天然"这两个字:目前地理学者"天然"地居高临下。我们地理学者的尺度总是站在上面往下面看,不知道这是否是思想方法的问题。我也请教其他学科的学者,经济学科的学者也有一点总揽全局。这里我提醒一下或者告诫一下自己,作为地理学者,我们现在的社会是精英治天下的社会,与其他的社会比如民主社会等不同,所以可能我们更需要非常谨慎和小心,因为我们的话总理会听,我们可能产生非常重要的影响。所以我们要加入一些人文主义的东西。比如说农民问题,刚才刘彦随讲到土地流转的问题,据我了解,现在有一些地方存在地下黑市,我们家要搞一块宅基地,交易成本按照经济学来说比较大,但我可以与其他的邻居进行黑市交易,拿几千块钱买他的宅基地。如果不存在黑市,就可以用经济学的简单道理使资源得到有效配置,不用我们去安排旧山河了。所以我们的世界观要转变一下。

王铮:我先说一个问题。既然是沙龙,还是应该让更多的人讨论。我刚才听两位的发言有些感想:第一个问题,"集聚"与"集群"是两个概念。从地理学的角度来讲,集聚有宏观的角度,集群是中观层次的东西;第二,我们必须看到我们城市化中要解决的根本问题,就是人权的问题。我们的城市化忽视了这一点。刚才沈老师讲的城市化阶段划分,我有点不同意,1958年之前是鼓励城市化的;后来搞户籍制度,在一定程度上限制了农民的人权,到现在也有残留。现在,农民工进城后,没有给他适当的人权,他没有医疗保障和社会保障,他难以安居在城市,所以,他必须在农村有一个家。城市化要解决人权的问题。刚才刘彦随教授说了,农民主要感觉城市社会不公平,收入不公平没有感觉到。公共服务不公平和环境不公平是我们必须注意的。这是补充两位的意见,中国的城市化要抓人权问题。

沈越:我回应一句:解放初期我们确实鼓励进城,当时我们是计划体制,到60年代"三年自然灾害"的时候,我们又把冒进计划体制下供养不起来的几千万人口用行政的办法重新赶回了农村。

王铮:前苏联通过实行计划经济完成了城市化和工业化,到20世纪40年代末已经是一个城市化的国家了。所以市场不是万能的。接着我要说,我们要研究自治问题、管制问题、治理问题,这不是大规模地推进城市化就能解决的。我们的农村有两个问题:第一点我们不像美国,他们是大平原地区。我们的农村有大量的山地,不可能拿到市场上,不可能从市场赢利。我侄女说农村挺好的,一年发450块钱,这样挺好的。我们农业化的推进必须把农民养起来,这是不可避免的。我们的地理环境不像美国,美国是大平原,基本上是平原地区,东边是海,西部是海,而我们的西部是沙漠地带,所以很难解决西部的问题。世界最高的山也在中国。

沈越:我回应一句:我们在进行西部开发的同时要考虑人口的迁徙。我国的西部,特别是西北地区缺水,西南地区缺土,都不利于人口的生存。我们的人口要在考虑西部开发的同时往东部迁徙,而且往东部的城市里迁徙。

刘卫东：看来今天的分会场无论是议题还是我们所讲述的内容，都引起了大家非常热烈的关注。我想大家可以在茶歇的时候继续讨论这些话题。再次感谢我们的四位特邀发言者：沈教授、路教授、王教授、刘教授，谢谢三位评议人，也谢谢会场所有人怀着浓厚的兴趣听发言。谢谢大家。这个单元结束。

第三部分

社会学与城市地理学

主 持 人：柴彦威　北京大学城市与环境学院
主题发言：熊跃根　北京大学社会学系
　　　　　冯　健　北京大学城市与环境学院
　　　　　丁金宏　华东师范大学社会发展学院
　　　　　李丽梅　华东师范大学中国现代城市研究中心
　　　　　李志刚　中山大学地理科学与规划学院
评 议 人：修春亮　东北师范大学城市与环境科学学院
　　　　　薛德升　中山大学地理科学与规划学院
　　　　　刘志林　清华大学公共管理学院

柴彦威：各位同行，下午好。第三单元的主题是"社会学与城市地理学"。我先说一下两个大的背景：一个是地理学的社会科学化。大家对二战以后西方地理学的进展很熟悉了，中国这20年的地理学发展，特别是人文地理学的发展存在一个社会科学化的大背景。我们人地系统研究中的"人"与"地"都发生了很大的变化，这个"人"从"自然人"走向了"社会人"；这个"地"从"自然地理环境"走向了"经济地理环境"或者是"行为现象环境"。所以，我们人地系统的研究从注重自然科学的视角，走向了注重经济学的视角，以至于走向了注重社会学与文化的视角。从研究的方法来讲，地理学的方法从宏观描述走向了微观解释，从注重统计、格局、类型的描述走向了注重个体、成因、机制的说明。地理学从注重采用经济学的方法慢慢转向采用社会科学的调研方法。所以，我们把这一背景简要地概括为地理学的社会科学化。第二个背景是社会科学的空间化。我们注意到最近社会科学的一些发展趋势，特别是人口学、社会学等学科，越来越强调空间因素在解释社会现象中的重要性。我们也注意到社会科学里对空间的思考以及空间化手段的引用，包括早上所讲的关于地图、模拟方法的使用等，特别是GIS，它在社会科学中的应用越来越普遍。

所以说,基于这样两个大的背景,我们这一单元讨论的是社会学与地理学的对话。我们请到了五位博士做主题发言,有两位来自于社会学系,有三位来自于地理学机构。实际上,有一位博士——丁金宏教授,也是华东师大社会发展学院的院长。所以是三位老师在社会学系任职,其他两位来自地理系,但都偏向于与社会学的结合。我们的总体安排就是这样的。由于时间关系,我们采取刚才的模式,等五位博士讲完以后请三位评议人集中评议,之后再自由讨论。这样我们可以把类似的问题放在一起深入讨论。

下面我们欢迎北京大学社会学系的熊跃根博士发言,大家欢迎。

地理学在社会政策研究领域中的含义和应用

熊跃根

(北京大学社会学系)

非常高兴有机会参加这个沙龙,但是我心里也非常惶恐。感谢周尚意教授和柴彦威教授的邀请,给了我这个宝贵的学习机会。我是一个彻头彻尾的门外汉,我对地理学完全不懂,我只能从一些肤浅的层面来理解地理学的含义和应用,也请大家多批评。

在讲之前我请大家先看一幅画,这是17世纪荷兰著名画家维米尔的油画作品《地理学家》。大家从画作中可以看到,地理学家当时关注的事物到今天仍然没有变化,那就是对空间的关注,以及对环境的关注。画中地理学家使用的工具有地图和地球仪,这说明地理学家极为关注的事物是空间和环境。另外一幅照片,显示的是21世纪麻省理工大学建筑与规划学院里的师生在一起讨论城市规划的问题,也同空间有着密切的联系。到了21世纪,空间和环境发生了很大的变化,但是其核心要素——空间、环境和人类的关系却没有变化。作为一门科学,地理学的价值毫无疑问已被世人认识到了;作为一个研究范畴,它也是非常独特的。地理学的意义有时候很容易被人们忽视,人们对其研究的学科不十分了解。在中国内地的大学,有时候地理学被归为理科范畴,地理学相关的研究成果也经常被社会科学家忽视。然而,地理学研究有许多的知识宝库,有许多东西值得我们探究和借鉴。

在许多发达国家和地区,地理学是一门交叉学科,与其他的社会科学保持着紧密的联系,其影响力在政府的发展战略和公共政策的制定中都有显著影响。比如在英国的许多大学里,社会政策的研究、社会学的研究已经将地理学纳入了主要的学科知识范畴,在本科、研究生教育里面,地理学的课程已经进入其体系,这说明了地理学的重要性。

20世纪90年代我曾在香港中文大学学习,我观察到地理学的设置在社会科学学院中与其他社会科学,诸如心理学、社会学等保持了密切的联系。在北美大学里面,地理学也保持了与它们的联系。由于人们的认识非常肤浅,所以地理学的价值容易被人们忽视。英国著名地理学家麦金德(Mackinder)曾经写过一篇论文,这是一篇非常经典的文献,是作者在

熊跃根(1965—),哲学博士,北京大学社会学系副教授。主要研究领域:社会政策、福利体制比较、非赢利组织与社会服务。

19世纪写的。麦金德说:"科学的知识被大多数人忽略,他们缺乏在日常生活中可以利用的因素,老于世故的人、学者和科学家将会失去他们的共同讲台,世界将会变得浅薄。"有时候一门学科被忽略了,这是因为人们过于功利,而功利却使我们忽视了科学本身的价值。

我在这里不准备讨论地理学的学科归属和传统,同时不想过多地强调地理学的重要性,我要强调它的重要性并不是为了博得你们的赞同,我相信地理学对社会学家的重要性是毫无疑问的。今天,作为一个地理学的局外人,我将从社会学的角度以社会政策研究者的身份来探讨地理学在社会研究中的含义和应用。

我的发言主要包括以下三个方面的内容:第一是地理学在社会政策研究中的含义,第二是地理学在社会政策研究中的应用,第三是地理学的方法对拓展社会研究的意义所在。

一、地理学在社会政策研究中的含义

作为一门应用的社会科学,社会学和社会政策与地理学保持了长久的渊源联系。从19世纪开始(最早可以追溯到18世纪末)至20世纪早期的社会研究者(如Charles Booth 和 Seebohm Rowntree)对城市贫困现象十分关注,尤其是他们的调查,已经注意到社会问题的空间分布这一核心议题。随着大规模社会问题的出现,社会改革正是基于研究者、公众、政治家和政府管理者对贫困等社会问题的深刻认识,才导致了系统的政府干预。我们说社会政策本身是政府实施的公共行动,并不是对环境的干预,而是对社会问题的干预;社会干预导致了系统的政府干预。因为麦金德的学术贡献,他曾一度被称为英国福利界的爱因斯坦。

二战结束以来,社会政策研究与实践在西方发达国家得到突飞猛进的发展,社会规划成为社会福利与社会服务发展的主要政策工具,包括一些地方政府的政策实施已经使用类似的规划。一个多月前,我与主持人柴彦威教授曾一起去参与了某城市的社会事业规划的课题论证,我们有一个团队,其中有地理学家、社会学家,还有其他领域的专家。由于社会政策是以预防和解决社会问题、促进公民福利发展为主要目标的,认识与分析社会问题在空间的结构与变化已经变得非常重要,比如公民权的空间差异问题、城乡二元问题等。但是,地理学不仅仅是有关地理与空间分布的知识与学问,麦金德很早就指出了其本质,到今天这一点也没有变。地理学其本质是探讨自然活动与人之间的关系,研究人对自然的反作用。我们要认识城市化的重要意义,也要认识到人的空间集聚。麦金德告诉我们要研究人对自然的反作用,他说这是地理学中最迷人的篇章之一,这是非常重要的。人类改变了自己的环境,结果环境发生了很大的变化,比如出现了很多环境问题。所以,麦金德就提出来地理学要试图搭建自然科学与人类研究的桥梁。在早期地理学家的思想里面,人们可以感受到,地理学一开始并不是固守在一个特定的领域,并把科学与知识、应用的分离作为促进人类发展的固有轨道,所以它对促进人类发展和社会实践有重要的作用。作为强调社会调查和社会干预的一个良性后果,社会政策是一门应用型的社会科学,其形成与发展有显著的地理学意味。

也就是说，社会问题的空间分布、地缘影响和社会后果，促进了国家系统与科学地干预人类行为和社会问题的实践之发展，中国过去多年的发展离不开政府对地缘问题的干预。

二、地理学在社会政策研究中的应用

首先，它表现为地理学对理解社会问题空间分布的意义。这对研究者来讲是非常重要的。从19世纪下半叶以来，在欧美国家，工业化和城市化导致了许多问题，社会学家主要关注的是社会问题的原因、系统解释和理解。从城市化和工业化过程中，我们自然会想到贫困、失业和其他一系列的反社会行为，比如"犯罪"与"越轨"就紧密联系在一起。

由于人类生产活动具有特定的空间属性，同时某些人类行为与社会自然环境发生密切的联系，因此，理解与社会结构产生关联的问题，比如说人口结构、民族结构也包括种族结构、贫困失业犯罪、不平等等重大社会问题，需要研究者深刻认识问题发生的空间特征、环境问题，以及这些问题与环境之间的影响，这些影响是交互的。20世纪50年代以后，西方经历了黄金发展岁月，这一发展周期接近30年，欧美发达国家出现的社会问题在类型和属性、后果、性质上都发生了重大的变化。地理学学科分支的变化，尤其是人文地理学、社会地理学等对社会政策研究者深刻认识社会问题的原因，积极寻求解决问题之道都有重要的启发。在地理学家关注的《人文地理学的进展》（*Progress in Human Geography*）这份杂志里面，我看到有不少篇此类的研究文章。20世纪60年代，美国学者威廉·帕提森（William Pattison）在《地理学杂志》（*Journal of Geography*）中撰文阐述了地理学的四个传统，刚才也有老师已经讲到了，即空间传统、区域研究传统、人地传统与地球科学传统。这四大传统迄今还是一个非常重要的分类，尽管我们说学科分级越来越细、越来越专业，但是它们彼此之间还是存在紧密的逻辑关系的。

其次，表现为地理学对社会政策实践含义的影响。社会政策除了研究之外，我们怎么推行？如何影响社会平等与公正？国家行动如何改善公民生活的品质？过去60多年来，福利国家的出现和发展，有力地改变了社会关系并推进了社会发展。今天我们也在讨论中国的福利体制问题，学界已经提出建立适度普惠型的福利制度，就是一种所有公民都拥有的社会福利制度建构与社会服务的规划。成功的福利国家一直被认为是在人口规模有限的欧洲社会民主国家里面推行的，而在中国，要涉及这么多人口，是前所未有的。而人文地理学（尤其是社会地理学）的兴起和发展有效地帮助了社会政策研究者对政府干预社会问题，推行社会计划的理解与分析。

20世纪80年代以来，西方福利国家开始了福利改革，中国也一直在进行经济和社会改革。社会主义国家的经济体制转型，在很大程度上被看做是某些问题有了新的含义，社会问题也开始有了明显的空间特征。农村、城市和家庭结构的变化，人口迁移和人类生活方式的变化，都成为理解社会政策变革的重要起因。

而作为福利制度的重建过程，包括中国在内的发展中国家的发展实践，重新赋予了我们对于城市、乡村在地理学方面所产生的社会影响及后果的理解；我们要理解社会影响与后果是什么，带来的变迁是什么。改革开放30多年来，中国的社会、政府、市场和人的活动对城乡环境都产生了重大的影响，而社会问题的发生及变化过程却被人为地改变了，尤其是我们的人文社会体制。城乡被改变的空间布局和由此产生的一系列社会压力，比如住房问题等，都是人为干预的后果，也是某种社会制度设计缺失造成的后果。因此，从理解社会问题的空间分布以及这些问题与环境之间的内在联系的角度来讲，掌握必要的地理学知识对社会政策研究者来说是必要的，要将社会问题、人的活动与行为，以及空间紧密结合在一起。同时，要将时间要素放入分析的框架中，这是非常重要的。只有将时间纳入分析的框架中，社会政策的研究才会深刻，并与现实的道德关怀联系在一起。在研究中缺乏对时间要素的考虑是不妥的，缺乏历史的维度就不知道社会变迁和事物变化的具体进程。在最近出版的一本著作里面，亨德森（Henderson）和沃特斯通（Waterstone）指出，地理学思想近年来的活跃发展与社会运动以及广泛存在的社会变迁存在密切的联系。他们提出传统的地理学理论与方法正在受到一系列进步的社会变迁等人类政治行为的影响，不同群体的社会实践与地理知识交织在一起，并对彼此的认识产生了新的作用。所以我认为这个沙龙给了我一个非常好的学习机会。我向大家讨教。

再次，地理学在社会政策研究中的应用问题。它包含三点内容：第一是地理学思想在社会政策研究中的应用。总体来讲，地理学思想在社会政策研究中的应用体现在多个方面，它将公众对社会问题和需要的看法与空间及人类行为和环境等多种要素紧密联系在一起，这对社会科学家也是很好的教育。第二是有意识地将城市的社会服务和社会福利的发展视为人类活动与行为变化在空间上的反映。第三是城市人的行为和活动的规律在空间上可以通过清晰的图式反映出来。我们怎么将人类的活动在图表上反映出来？我们社会政策研究者需要向在座的学者们讨教，并在解决社会问题和满足社会需求的方式上将区位与地理环境准确表达出来，这是我们需要加强的。

当今各国政府实施社会政策的一个主要目标，是力图减少社会福利和社会服务在阶层和空间上的不平等。比如东部与西部、城乡都是空间的问题，这与人的生态和空间活动模式有很大的关联，换句话说，地理学与社会政策的内在关联直接体现为福利的空间分布。一个良好的社会政策毫无疑问应该体现出对空间和地理环境的关照，不仅是对人，还有对地理空间和环境的关照。

地理学方法在社会政策研究中的应用，我过去了解很少，但是通过与地理学家的接触，与柴老师一起参与科研项目，参加学习活动，学到许多的东西。地理学的方法在社会政策研究中的应用，首先表现为它在社会需要的测量和评估方面发挥了重要的作用。在社会政策研究的领域里,做这些评估是社会干预的基础,而仅依靠社会学的传统方法是不够的,基于问卷调查、个案访问、参与观察等这些手段虽然为科学研究提供了重要的信息,但是我觉得这些信息是比较静止和平面的,就认识和掌握动态的人类行为与活动而言,这些静止的方法却不够全面和生动。因此,在人口老龄化、城市化加剧发展的情形下,社会政策的研究者应充分意识到,对于社会福利和社会服务的测量与规划,单纯依靠传统的社会学研究方法和手段可能是不够的。而政府的管理部门在政策决策和实施过程中也趋向于依赖更为可行与具有详细空间分布意义的发展规划,这无疑要求社会政策研究者重新思考并挑战传统的研究与实践方法。

同时还表现在社会规划的方法上面。前面许多学者提到 GIS 的应用,在美国和英国的许多大学里学者们都在从事这方面的研究工作,这对社会福利、社会福利的测量和预测,以及空间布局起到了关键性的作用。柴老师也出版了许多类似的研究成果,比如他们的研究小组在对城市社会服务网点和社会服务机构的空间规划与布局的研究中,通过利用 GIS 技术充分提高了研究的效率。如今,在人口老龄化和地区新城区发展的规划项目里,大量的城市规划概念和方法也将地理信息系统包括在其使用的工具里面了。

尽管如此,我们研究者要清晰地认识到作为科学研究的治理活动和社会政策研究,与作为政治场域活动的社会政策实践,两者之间存在一定的距离;尽管科学知识和方法能为决策者提供认识上的某种确定性,但是政治实践上的伦理和陋习往往可以颠覆科学的社会规划思路。我们不可以简单地认为论证通过的规划会很容易实施。美国著名心理学家多纳德·舍恩(Donald Schön)讲了许多专业实践案例,他指出在一些应用专业实践领域,专业工作者应该充分认识到专业实践所依赖的情境,反思其在规划中的约束。为了深化地理学在社会政策研究中的应用价值,我们需要通过卓有成效的行动研究,来证实事先的假设,并通过不断的修正和验证去完善人类的社会实践。

最后,因为时间关系,我只能简单谈一下地理学的思想及方法对拓展我国应用社会研究的意义。这一点我相信有非常重要的价值和广阔的利用空间,这对我们非常重要。

今天,急剧的社会转型和快速的市场经济发展,使得我们的城市正在蜕变为一个个日益复杂和多元的生态系统;而理解和控制这一系统的紊乱与秩序,长期以来成为政府发展实践中的道德准则。有许多的社会学家已经提出了对生态系统的理解,比如法国社会学家莫兰等曾提出,人类活动的空间分布与人类关系的表现形式应结合起来考虑。对我们来讲,我们应该拓展视野,建立跨学科的研究课题,开展有针对性的研究,并以"开放的社会科学"的姿态和心胸,和大家一起做大的研究课题,来促进社会干预和社会发展实践的有效性和正当性。今天的沙龙对我而言既是一个美妙的开端,也意味着一种艰难的挑战。谢谢大家!

柴彦威：我与熊老师有一些合作，但是今天是第一次听他的正式报告，我很惊讶他对地理学的了解，他看了那么多的地理学文献。他刚才讲的很难用一句话来总结，但是，我觉得他对地理学的理解和在社会学中的应用是非常精辟的，等一会儿我们再一起讨论。

下面，我们欢迎北京大学城市与环境学院的冯健博士发表演讲。

基于地理思维的人口研究及其在城市规划中的应用

冯 健

（北京大学城市与环境学院）

各位老师，各位同行，今天很荣幸有机会来汇报一下我们的一项工作。刚才柴老师让我少讲一些数据、多讲一些思考，但是"江山易改，禀性难移"，我还是结合具体的东西来讲一下吧。

我本人绝对是地理学的科班出身，但是让我谈地理学，我觉得还是很困难。我还是讲得具体一点，用一个具体的东西与前面讲理论的老师互补一下。我们从1999年开始做这个工作，至今已经有十年了，主要是配合城市规划，以地理学者的身份参与总规划的人口专题研究，探讨地理思维在城市规划中的应用。

我围绕几个大的方面，重点讲怎样在城市规划中发挥和应用地理学者的思维。

一、人口专题研究对城市规划的意义

可以说，在城市规划中，人口研究十分重要。因为，许多公共设施的指标都根据人口规模来定量，人口搞不准，规划就无从谈起了。当前规划界对总规划中的人口研究有不同的态度，我概括了一下，大致包括三种：一种态度是极不重视，理由是"反正人口谁也搞不准"、"人口预测就那么回事"；第二种态度是极为重视，理由也是同样的，正因为"人口谁也搞不准"，所以才需要重视，一般的做法是在作城市总体规划的前期研究过程中，请专家来做人口专题研究；还有一种态度是既谈不上重视，也谈不上不重视，认为人口研究无外乎是传统的人口结构分析和人口预测，就那么点东西，出不了什么新意。

新时期地理学参与的人口专题研究，我觉得有几个方面的发展值得强调：第一个是吸收人口学的优势，突出与人口学不同的思维，尤其是空间思维，充分发挥GIS技术和手段在空间分析中的应用，更紧密地服务于城市规划；第二个是新时期人口专题研究的深度和广度都有所提高，更加注重与新现象、新趋势和新问题的结合，重视这些社会新问题、新趋势在城市

冯健（1975— ），江苏沛县人。博士，北京大学城市与环境学院副教授，近年主要从事城市社会地理学研究，发表学术论文40余篇。

规划中的表现及规划应对;第三个是对传统的人口结构分析和人口预测有新的发展。

二、人口统计与城市规划

这里面涉及很多概念,包括户籍人口、常住人口、常住户籍人口,流动人口、暂住人口、外来人口,城镇人口、非农业人口,城镇化水平、非农化水平,人口迁移及人口普查中的"迁移人口",等等,概念很多,容易搞乱。对此,许多地方规划部门,包括知名规划院的同志都不甚清楚。前一段时间,一位规划院的同志问我:"冯老师,是不是我们对建成区人口的计算有问题? 我们一般是把市/县域非农业人口当做中心城区建成区的人口"。我说:"你们的算法多计入了中心城区以外的非农业人口并少算了在中心城区从事非农业活动的农业人口。至少你们没有我根据实际建设用地和基层行政区划的关系测算出来的建成区人口准确。"上述人口概念,以及如何从人口普查数据中分离出各类人口数据,我们曾在相关的论文中进行过阐述,不再赘述。

在此要强调的是,作为地理学者,应该对各种人口统计概念有清晰而准确的认识。地理学者应该做到以下两点:一方面,比人口学者更现实、更贴近规划,因为地理学对空间的强调使其与城市规划的关注对象比较接近;另一方面,比规划师更专业,因为很多规划师的人口概念不准确、不专业,更多的时候是在混用概念。有关城市规划中人口统计数据的应用,还有一点值得强调,那就是数据—时间的衔接问题。一般而言,做人口专题研究,第五次人口普查是较好的数据,但也存在一个问题,那就是数据的时效性问题。"五普"距今已有十年,只用"五普"数据显然"太旧",而等"六普"数据面世,至少要到2012年,这中间的时间怎么办? 我们的做法是利用公安系统每年的统计报表(包括户籍人口统计报表和暂住人口统计报表)来弥补。这个数据从常规统计中搞不到,必须要到公安系统的户政处和档案室去挖掘。也就是说,既要使用人口普查数据,也要获取公安系统的户籍人口数据,通过这种办法,可以和人口普查数据相弥补。当然,这里面也包括很多处理人口数据的技巧。

三、人口迁移与城市规划

这也是地理学所强调的,人的居住区位的移动。

首先,我想强调的是人口迁移的规模。规模表面上看很简单,但很能说明问题,因为它在一定程度上反映了一个城市的地位。我们曾对山东省淄博市做过一个分析,按人口迁移规模,它基本上在山东省各地级市中处于第五的位置,其经济规模大概也是这个状况。所以人口迁移规模总体上可以反映出一个城市或地区经济发展的活力。在这里,我想指出的是,高素质的迁移人口对一个城市的发展至关重要。我们在分析人口迁移的时候常常强调这个方面,它很能说明问题。如把淄博与济南和青岛的省内、省际迁移人口受教育的情况进行对比,就不难发现,淄博在高学历人口的输入方面处于劣势,缺乏产业发展所需要的高层次人才。再举一个例子。去年在分析湖北咸宁市人口迁移问题时,在武汉城市圈中作了一个对比:咸宁与武汉城市圈其他城市相比,素质结构偏低,大专以上学历人口和研究生学历人口不突出,处于中游偏下的水平。

另外一个方面是人口迁移方向可以反映城市的辐射范围与城市发展的腹地。我们往往围绕这个主题做很多分析,包括迁移人口的省内、省外分布特点和发展趋势,从而对被研究城市有更好的把握。可以在一个坐标图上反映各省人口迁出情况和被研究城市迁入人口来源地的分省区分布特点。从这个图(图1)中可以看出哪些是传统的人口迁出大省,也可以看出有哪些省的人口迁到这里来了。比如山东过去闯关东的人口及其后代回流的现象就在淄博的分析中反映出来了。除了人口迁入以外,还要反映人口迁出方向。如我们对武汉人口迁移方向的分析,人口主要的迁出地指向三大经济核心区,这对于武汉的定位有重要意义。另外,值得强调的是,还应该利用客流联系数据来反映城市的对外经济联系方向。这个也很重要。如湖北咸宁市的客流方向,基本上反映出与周围城市的关系以及跨省的联系,还反映出咸宁市域内部边缘地区跨越行政区域的功能联系。在咸宁市的研究中,我们依据基于客流的对外联系,提出要把一些边缘区位转换成门户区位;以及除了强调与武汉的联系之外,还要充分重视咸宁边缘地区与湖南和江西存在密切的实际功能联系的观点。

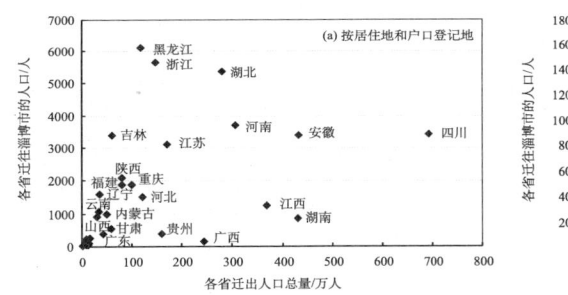

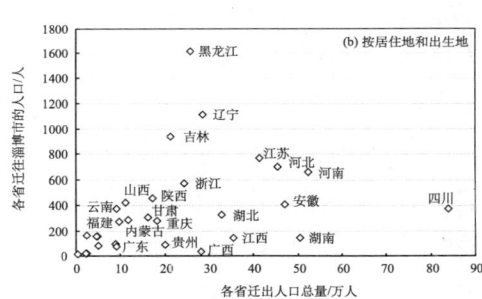

图1 各省迁往淄博市的人口与各省迁出人口总量比较(2000年)

四、关于人口的空间分布与城市规划

这涉及中国大城市人口的空间集聚与扩散趋势。我们曾有大量的论文发表,这里不详细讲了。在此想强调,郊区化现象使得当前中国城市规划的一个基本指导思想面临转变:过去我们的城市规划是"集聚发展"的思路,郊区化发生后,必须由原来的"集聚发展"思路转向"离心扩散"或"由'向心集聚'为主导力量向'离心扩散'为主导力量转变"的思路。如果思路不转变,或者搞不清人口集聚与扩散的相关概念,就有可能造成失误。

在此举一个南京的例子。南京在20世纪90年代初的城市规划中曾经对主城区有过一个定位,但这个定位明显有问题,最后导致人口预测的失误。南京的这一版城市规划,没有搞清楚人口空间集聚与扩散的圈层概念,把主城定义为以信息、贸易和综合服务为主,提出规划期内主城的人口要实现空间扩散。但这个定位是有问题的。这个定位应该赋予中心区,而主城区也包含了相当一部分的郊区功能。这种定位失误最后导致了什么结果？十年之后,我们发现,市域总人口、城镇人口和都市圈人口的实际增长速度都没有达到规划增长指标,唯独主城人口的实际增长率突破了规划指标,是规划增长率的1.3—1.4倍,1990—1999年都市圈人口增长的65%仍然发生在主城。这种功能定位的失误直接导致人口预测的失误,其结果可想而知。

另外,值得强调的是,要利用GIS技术把分街区人口空间分布和增长的特征表达出来,因为城市基础设施的布局有必要考虑分街区的人口分布和增长。实际上这个工作并不复杂,但很能说明问题。如对山东淄博的分析,发现城市布局的重点基本上都分布在人口密度高度集中的地带;另外,外来人口增长比较快的地区也在这里。这样,基于人口分布的研究就可以提出一个城市空间结构的方案。还有一点需要强调:应该在研究中反映人口空间增长的最新趋势。如在湖北咸宁市的研究中,用GIS技术分析了从2001—2007年市域分街区的人口增长,发现规律不是太明确;当把研究阶段变为2001—2005年和2005—2007年时,规律变得十分明确了:前一阶段,中心城区人口虽有一定的增长,但其他城区人口增长不明显,而且大部分地区由于乡镇人口外迁导致人口的负增长;后一阶段,中心城区和其他城区的人口增长明显加速,很多地区的人口都变为正增长。从而说明,中心城区人口的快速增长发生在近几年,尤其是2005年以后。后来把这个观点讲出来,咸宁的领导认为这个结论很对,因为他们的直观感受就是2005年以后咸宁的"新面孔"增多了、"宝马车"增多了。尽管他们讲的现象和我们讨论的人口规律不完全是一个概念,但却说明我们对人口的研究结论与他们对地方发展的印象相吻合。

五、人口结构与城市规划

人口结构包括性别结构、年龄结构、素质结构、职业和行业结构等方面。

年龄结构分析结合人口普查数据和公安系统的数据,做得很细。传统的反映人口老龄化的指标,如老龄人口比重、高龄人口比重、少年儿童比重、老少比、年龄中位数、少儿抚养系数、老年赡养系数等,都可以计算,并用以判断老龄化社会发育的程度。人口的年龄结构金字塔,一般把建国以来历次人口普查数据都挖掘出来,每个县市都做出来,以准确地反映人口发展的问题。除此之外,还要关注人口年龄结构在空间上的特点。如做武汉的研究时,把0—14岁人口、15—64岁人口、65岁以上人口以及80岁以上人口的数量和比重在分街区的地图上表达出来,效果很好。当时武汉规划院的院长说非常关心空间问题,希望我们尽可能地表达出空间特点;当然,这对地理学者来讲并不困难,关键要掌握分街区的数据和基础地图。依据老年人口与高龄人口的空间分布特点,可以据之探讨老年化与城市化、城市设施规划的关系。这个问题对新时期的城市规划来讲非常重要。我们曾拍过一张照片,反映武汉某社区老年娱乐场所用地的尴尬场面。由于社区没有专门的老年设施用地,很多老年人都在社区出入口的一个过道中打牌,当有车辆通过时,老人们都要站起来并把桌子拉开让出道路,车辆通过以后老人们又恢复原状。由此足见,城市规划考虑老龄化的需求已经迫不及待了。

人口的素质结构分析,应该重点揭示所存在的问题,直指城市发展的要害。当然,也可以把空间的东西表达出来,这里就不展开讲了。素质结构分析的关键是要抓住问题,比如武汉人口素质结构的主要问题是:尽管其教育资源存在优势,但是并没有转化为经济发展的优势,并且职业技术人才存在供给缺口。在武汉的毕业生中,只有22%的大学生、4%的硕士生和1%的博士生选择在武汉就业。另外,武汉职业学校的毕业生就业情况良好,就业市场急需具有高、中等职业技术教育或专科教育水平的专门技术人才。

人口的职业和行业结构不展开讲了。值得强调的是,通过人口行业结构的研究,可以在一定程度上反映出产业发展所存在的问题和产业的空间布局特征。如在武汉的研究中,其他老师专门做了一个产业专题研究,我们利用就业人口研究所得出的产业空间布局特征,与产业专题研究的结论基本一致,就业人口可以成为人口与产业研究沟通和互动的桥梁。

六、城市人口的"人户分离"与"职住分离"现象

人口的"人户分离"问题,在很多城市都比较严重,这里不详细讲了。我们曾对南京和武汉做过相关的研究,用"人户分离"情况可以很好地解释城市空间结构的变化,因为"人户分离"能够在一定程度上反映出某些城市地域的居住变动情况及对人口居住的吸引力情况。另外,"人户分离"会导致人口统计数值与实际数量的偏差,从而造成城市规划指标出现偏差。

还有人口的"职住分离"现象。人口的"职住分离"研究在城市规划方面有重要意义。如淄博的规划,准备在中心城区和周围区县之间建轻轨和地铁,但近期先建哪些难以确定,希望我们能提供一些依据。其实,"职住分离"研究就能解决这个问题。就业岗位不足的地区与就业岗位充足的地区,以及就业岗位数量存在较大落差的地区之间,有可能产生规模相对较大的通勤流,这些地区之间更应该考虑作为轻轨线路的首选之地。

七、关于人口预测

人口预测的模型很多,包括地理学的模型,也包括人口学和社会学的模型,不详细讲了。我想重点谈谈对几个问题的思考。

首先,建成区人口预测是一个核心问题,但现状建成区人口有多少,谁都说不清楚,统计部门不知道,城建和规划部门也不知道。我们的做法是根据建成区建设用地的实际分布与基层行政单元之间的关系进行重新测算。我们最近在做一个更详细的研究,结合国家的科技支撑计划课题作城乡边界的划分。最后测算出的人口是最接近实际建成区分布的人口,

又是利用统计数据所得出的方案;这样的话,基本上可以得到一个权威的建城区人口统计数据了。

第二,将不是一个系统的预测方法所预测的数值之间进行严格比照的意义不大。有一次一位老师问我,用模型预测出的人口,为什么与用水资源预测出来的人口数量相差几百万?实际上,不同系统预测出来的人口结果可以作为参考,但不要绝对地去比照这些数字。有时候我们按照土地资源、水资源预测出的人口,是一个极限值,具有参考意义,而不具有比照意义。

第三,与城市规划和人口统计对接的人口概念是"常住人口",可以把流动人口折算成"常住人口"或"标准人口"。这些都已专门撰文论述过,在此不展开讲了。

第四,要注意不同年龄组人口预测与城市规划的关系。大家都知道中国的老龄化在加剧,但是不同的阶段有不同的趋势。如2000—2010年老龄化的发展速度相对缓慢,但2011—2020年的速度将比较快。这将涉及不同阶段老年设施的规划。还有青少年、劳动年龄人口的发展,都要考虑近、远期之别。青少年涉及上学网点的规划,劳动年龄人口与房地产关系密切。

第五,在做城镇化水平预测时,最好给一个区间值供规划部门选择。其实,很难给出一个确定的数值,给一个区间反倒更加合理。

第六,许多地方政府官员既想做婊子又要立牌坊,要给他们泼点冷水,要纠正他们的错误概念,必要时还要使用偷换概念的办法。需要给他们泼冷水,要不停地"斗争"。有时候,规划师完全听地方政府的,他会看不起你,现在许多规划院都是这样,太重视地方领导的意见了。前几天,我们到山西晋中调研,他们的人告诉我,还是国外的设计机构做得好。我问他好在哪里?他说,第一,做得细,而且规划实施的时候,他们都有人过来,后期监控做得好;第二,他们敢于坚持自己的观点,不像中国的规划师,完全听领导的。由此可见,完全听领导的绝对不是什么好事。不仅不能完全听领导的,当他们不对的时候也一定要予以纠正,遇上极顽固的领导,必要的时候还要偷换概念。

第七,现在中国的城市规划都面临规划期的变化,前些年的规划远期一般是指2020年,但当前已经是2010年了,远期要调整为2025年或2030年。按2025年或2030年预测出的数据,如城镇化水平,与一般印象中2020年的数据会有因时间推移而带来的较大差距,要有心理准备。

第八,要强调中心城区人口增长与产业发展之间的关系,不要就人口论人口,要从产业的角度研究人口。同样,产业的研究也不要就产业论产业,要从人口的角度来研究产业。二者沟通的一个重要桥梁是人口的就业问题。

第九,城市人口可预测吗?最后提出这个问题大家似乎觉得很可笑。就像搞了这么多年的规划，突然国外学者提出一个最前沿的问题："城市是不可规划的"一样。人口问题也类似。从某种程度上讲，人口是不可预测的。也有人说，人口本来就预测不准，你预测准了反倒不正常了。但不管怎么说，城市规划需要人口预测。尽管没有人能给出百分之百准确的人口预测方案，但对于有经验的人口预测者来讲，其预测方案对弹性的把握，更接近城市发展的可能。这种感觉很重要。

最后用三句话来结束今天的报告。第一句话，在人口专题研究中发挥地理学者的空间思维，可以更好地与城市规划所关心的问题衔接。换言之，地理学的思维可以在城市规划中得到很好的应用。第二句话，要及时关注新现象、新问题和新趋势，运用地理信息系统的技术手段，关注人口变化的空间响应及其所可能产生的规划指标的变化，提高应用的效果。第三句话，作为人口预测者，不要成为地方政府的代言人，要坚持立场，你越听他的，越有问题，要纠正其错误观点和概念。人口预测者虽然给不出绝对准确的预测方案，但其对弹性的把握应该接近城市发展的可能，而这种素养是长期实践的结果。谢谢大家。

柴彦威：冯老师是一个城市地理学者，他通过人口、地理指标的相关研究，展示了人口学与地理学研究相结合的有效性，并且在城市规划里面讲到的内容与熊老师讲的有一定的匹配性。也就是说，熊老师刚才讲到的地理学在社会规划中应用的一些理念，冯老师作了很好的诠释。下面，我们请一个大牌的人口地理学者——中国地理学会人口地理专业委员会的主任、华东师大人口研究所所长、社会发展学院院长丁金宏博士。应该说他很有这方面的发言权。

论城市人口容量的存在性与方法论

丁金宏

(华东师范大学社会发展学院)

刚才柴老师给我戴了一顶很厚的帽子,愧不敢当。我是搞人口地理学的,别人问我搞什么的,有时候我说是搞地理的,他们说地理有什么好搞的？地理是不大好搞,有难度,所以还可以搞搞。有时候我说是搞人口的,他们说人口好搞,谁都可以搞搞,街上买菜的老太太张口就来:"中国的问题就是人口太多了"。所以,人口地理学是好搞的与不好搞的搞在一起了,比较复杂。前面几位报告者比较年轻,年轻人加入这个领域,人口地理学就有了希望。

我今天报告的题目是个小题目:关于城市人口的容量,讨论城市人口容量的存在性与方法论。这个问题从某种意义上来讲是"被"学术化了。城市人口容量并不是学者们很愿意思考的问题,但是有需求,我们经常会被政府部门追问:我们这个城市你给算算能承载多少人,容量是多大,或者规模多少合适？

我对这个问题是有顾虑的,但是出于实惠的考虑还是承担了一些这类的研究课题。但是,拿钱的时候可以装傻,拿钱以后就不能装傻了,首先得说通自己,宁可欺人,不能自欺啊。我必须想清楚,城市人口容量这个问题怎么做？在这之前,还要追问一下有城市人口容量这回事吗？也就是它是否存在。没有的话,怎么把它想成有,在想成有的过程中,自己也就慢慢地相信了。下面我汇报一下信其有的过程。

首先,谁关心城市容量问题？有人关心,城市当中的居民关心,特别是大城市。昨天到了北京,我体会到北京城市的拥挤,从机场过来一路像蜗牛一样地爬,上海也是一样。居民总在问:我们城市已经这么多人了还能再增加人吗？什么时候能够不堵车？昨天在飞机上看《解放日报》的标题:"拜托,不要再预测房价了！"年轻人对大城市人多、资源紧、房价高表现得相当无奈,相当焦虑。管理者也关心啊,正如前面所说的,他们一直要追着学者问:我们的城市容量有多大？就这个问题,短期内我就可以待在学校里不停地接课题、做课题。

主动也罢,被动也罢,学者们也开始关心起人口容量问题,更确切地,用我女儿的讲法是

丁金宏(1963—),华东师范大学教授,博士生导师,华东师范大学社会发展学院院长。主要研究领域:城市社会地理、人口地理、人口迁移流动。

"纠结于"人口容量问题。之所以纠结，是因为说服自己并不容易。我们在上海经常就这个问题有学术交锋，质疑城市人口容量的声音还是很响的。我举一些例子。

有人说，上海每次编城市总体规划都有目标，规划人口数是多少多少，可是规划出来以后不久就被突破了，甚至规划还没有出来就被突破了。突破了又怎样呢？城市变坏了？没有，陷入危机了？没有。说明城市的人口规模控制没有必要，研究容量也没有必要。刚才冯健讲南京的人口预测不准，从某种意义上讲，不准是正常的，准了是奇怪的。我们作城市人口规模预测的时候，往往知道政府期待什么，你必须回答他有容量，而且做出来的容量比他需要的大，他可以把人口规划得大一些，从而可以多圈一些规划用地。政府在向土地"宣战"，规划部门和研究者要顺应政府多拿地的需求。

另一种声音听起来更冠冕堂皇：城市人口规模发展多大不是以人的意志为转移的，应由市场说了算；既然大量流动人口迁入城市且找到了工作，说明城市劳动力市场需要他们，说明城市能够容纳他们，只要新进来的人觉得有利可图，容量就有冗余，什么时候人待不住了，人口就超过容量了。人口容量是市场自动生成的，不劳学者烦心计算。

有的学者鼓吹城市就应该大，大了才更好，大城市是国家和区域发展的动力，一个国家最大城市的规模最好达到国家人口的 5%、10%，比如英国和韩国。上海现在是 2 000 万人，到上海 5 000 万人甚至更大一点，会更好。

也有人给你讲区域发展伦理：计算城市人口容量无非是希望大城市控制一下人口增长，像"长三角"这样的区域是我国发展条件最好的区域，为什么要控制人口？让他们多分担一些人口不是更好吗？

还有学者说大城市出现的病态问题不是因为人口来得太多了，而是城市对外来人口接纳和适应得太慢了，当务之急不是调控规模，而是加快适应。

社会学家不与你谈城市的环境危机，他们谈权益：农民工也是公民，进城不进城是他们的自由，控制人口既没有法律依据，也缺乏有效手段。所以，研究人口容量的想法就 out 了。

这么多质疑的声音，各有其合理之处，又各有其过分、片面之处。所以下面我就试图从我的角度，谈谈人口容量是否存在，如果存在的话，它是什么？

我先说两类相关的概念。我们经常会听到"人口容量"、"人口承载量"，这是同一个东西，它听上去像是一种客观存在，犹如一个具有特定体积的东西就摆在那里，可以容纳人口；所以，人口容量或承载量更像一个科学命题。

还有一对概念是人口的"合理规模"、"适度人口"，这是另一对同类概念。因为要合"理"、要适"度"，就有了主观评价的意思；说到底，"合"的是研究者的"理"，"适"的是研究者的"度"。所以，这一对概念不太像是"科学"命题，而更像是人文命题或价值命题。

还有一个含混不清的概念："环境容量"。在我看来，这是一个混淆了主客体的"浆糊"概念。环境是客体，容纳的主体是什么？人口？产业？发展？不明言所容纳的主体，何谈容量？环境总不能自己容纳自己吧。逻辑不通啊！所以，我读文献时看到含糊其辞的"环境容量"就会皱眉头。

人口容量从全球尺度来讨论，其意义是比较明确的，因为地球毕竟是"封闭"的星球，能量全部来自太阳（包括转化为矿物质、生物质等形态的能量），资源都存于地表和地下，能源和资源的总量或流量确定，地球的人口总容量也就是确定的，就像杯子能装多少水一样确定，虽然不同学者核算的结果仍然大相径庭。

城市人口容量的性质显然不同，城市是一个开放性系统，不仅资源、能源可以从外地调入，就是不可移动、不可伸缩的土地资源也具有空间上（指向郊外）的可延展性，特别是在平原地区。所以，城市人口容量不再像是杯子里能装多少水的问题，而更像是纸上能堆多少沙的问题。所以，首先要研究这张"纸"有多大或可用多大，然后再研究"沙子"在"纸"上能堆多厚，这个"厚度"就是人口密度。

在土地空间既定的情况下，城市人口容量的本质是可以接受的人口密度。"可以接受"指的是谁可以接受？

如果是指生活在这个城市里的居民可以接受，那么得到的人口容量就具有了内生性，至少在统计意义上体现出科学性。但是，每个居民都是自主意志的行动者，每个人都有自己的"接受"阈值，内生的人口容量也就会因价值多元化而变得复杂，甚至不可探测。

为了核算城市人口容量，城市的管理者、规划者，还有像我这样的研究者常常不得不"代人表感情"，以各种"科学"的姿态揣测城市居民可以接受的人口密度阈值；这样计算的人口容量，实际上是测算者心目中的理想值，是外生的。"可以接受"是人为判断，这一措辞实际上把人口容量从"科学"命题拉回到"人文"命题，与"适度人口"又合归一处。哪怕是科学家，比如地理学家、系统工程学家主导这样的研究，所得到的城市人口容量仍然不是"科学"的，而是"人文"的。大家可以耐心地审查现有的各种人口容量"科学"模型，其中必有人为的价值判断，而且它总是出现在结论输出之前的关键之处。

城市人口容量的人文属性并不影响它的理性价值。我们进一步看人口容量的属性，借以说明城市人口容量在什么意义上是成立的。

1. 城市人口容量本质上是生态命题，不是经济命题。我首先要与经济学家划清界限。我经常面对经济学家谈人口容量问题，我说对不起，我们谈的不是经济命题。从经济学来讲，任何人为设定的人口极限容量都会在科技、生产力的威力下破产。经济学家西蒙与人口学家埃尔里奇打过一个著名的"十年之赌"，经济学家很乐观，人口学家很悲观；十年之后，经济学家赢了，似乎全球的人都可以跟着乐观了。但是，实际上全球意义上的人口极限容量没有因此消失，科技和生产力的进步只不过在加快资源、能源的消耗，加快抵近人口容量极限的步伐,如果对此事不警觉,人类社会将在追求过程的快感中遽然崩溃。这种警觉永远不可能来自经济学家,在他们眼里,效率和福利具有至高无上的价值,是永恒的主题。

在人口容量研究中有人设计了这样的"模型":看看城市的就业岗位能容纳多少就业者,再乘上一个系数,就可以求出城市的就业人口容量了。这是一个彻底的伪命题,连带着"经济人口容量"也是一个彻底的伪命题。城市经济学的逻辑主题之一是外部经济性,人多机会多,机会多人多;城市成长是"水多加面、面多加水"的"和面团"过程。这也正是20世纪以来大城市成长具有巨大的"顶端优势"的原因。

"经济人口容量"的伪命题属性甚至延伸到环境经济学在这方面的探索。为什么这样说呢?许多人与我讨论时争辩:你说环境是人口容量的限制因素,但是城市规模越大,经济效益越好,越有钱投入到环境治理;所以,往往看到大城市的环境质量更好,环境容量更高。我说,这样的逻辑归根到底还是经济学逻辑,你关注的是环境的经济效益,不是环境的全部,忽视了环境的生态意义。

城市人口容量必须严格限定在生态命题上。首先是自然生态。城市需要生态缓冲空间,否则大面积、高密度的城市是自然窒息的城市,是反自然、反人性的异化空间。有关城市发展带来的自然生态危机的讨论已经多到泛滥的地步,我不再重复。

第二个是社会生态。我们都有这样的经验:小城市不会堵车,大城市不会不堵车。持续增大的人流、车流会使城市交通组织变得过度复杂、脆弱甚至崩溃。许多人迷信应该多挖地铁,这两天上海正为地铁事故烦恼,这是人多挤出来的,本来寄希望于更多地铁可以解决城市交通的问题,结果引来了更多的问题,最后就不是地铁能解决的了,"天铁"也解决不了。人口密度大,交通流量就大,发展到后来不降低人口密度就根本没有出路。城市中心区降低人口密度的过程,实际上就可以视为人口密度(或者人口容量)发挥制约作用的过程。生态学中有个"密度制约律"(density regulation),指的是种群密度增加,动物的繁殖速度会受到抑制。这样的"密度制约律"在城市中也在发生,只不过是自然增长替换为机械增长。

人口过密的社会生态危机还表现在人际距离压缩所产生的紧张感。在上海的市中心区,曾经有的居委会人口密度达到17万人/平方公里,每个人的活动空间不到六平方米,属于家庭、个人的私密空间更是小到微乎其微,诚可谓"上无片瓦、下无立锥之地"。高密度环境下的城市居民往往不得不最大限度地封闭自己,制造距离感,过度冷漠的邻里关系正折射着城市的社会生态危机。

这里顺便批判一下市场决定论。社会科学命题的论证要避免"经济至上、市场万能"的思想,市场是强大的,但不是完美的,城市发展的规模不该完全由市场说了算,也可以由市民说了算,还可以由市长说了算、规划师说了算,因为它归根结底是人的价值选择。大城市有优越性,特别是经济优越性,但是不能让这种优越论走向极端。

2. 城市人口承载规模从时效来看是长期的命题,不是短期的命题。是指按照我们今天的理解能力判断,这个城市将来(长远地,甚至希望是永远地)能稳定地容纳多少人口。凯恩斯说,从长期来看我们都是要死的,意思是经济学家没有必要关心长期问题。城市人口容量不是短期命题,所以也就不是经济学命题,经济学家最好避开些。西蒙和埃尔里奇的赌打了十年,似乎够长了,其实还不够,如果把赌期延长到100年、500年,乐观的经济学家可能就不那么乐观了。

政府委托我们研究时经常要问:到2020年城市的人口容量是多大?其实这不是科学提法。人口容量着眼长远,不在意具体的时间刻度。就比如你问我明天能吃几碗饭,我说三碗,实际上你问我后天、下星期甚至明年,我也会给同样的结论。忽视时间刻度也是人口容量的长期性的一种含义吧。

3. 城市人口容量是价值命题,不是工具命题。国内已经发展了不少计算人口容量的复杂模型,但是如果认真去追究它的模型参数,就会发现,再复杂的计算模型也掩饰不住研究者的价值取向,其中总是显示或隐含着"我认为多大的密度是好的,多大的密度是不能接受的"的判断。所以,敬畏人口容量就是追求城市的健康发展。对于一个过于肥胖的人,医生可以劝告他过分肥胖会影响健康,甚至危及生命,他会说,胖了也要吃饭,吃饭就要长重量,没办法,随它去。其实,拒绝减肥就是拒绝健康、拒绝长寿。同样,对于上海这样的过度拥挤的超大城市,开展对人口容量的讨论,是基于对城市健康的价值追求,是政府对未来负责的表现;无视人口容量,就是拒绝健康发展。

我反感于城市的领导者、规划者将人口容量研究作为一种扩大用地指标的工具,但是在实际操作过程中,我们之间的观点和理念的协调是很难进行、很难见效的。同行们应该都有这方面的体会。同时,我也反对另外一种意义上的工具主义:城市人口增长我们没有办法阻拦,即使承认人多了不好,我们也没有工具并且无能为力;所以,不如不谈城市人口容量。世界上难以做到的理想的事情很多,但是不代表我们可以没有追求,更不代表我们要反道而行,放任甚至欢呼、鼓励城市人口的膨胀。

我后面做了一个内生的人口容量测算模型,是从住房效应、居民选择的角度切入的;同时考察了房价和公交方便性的空间分异,据以判断不同社会阶层的人对"可以接受"的人口密度的偏好,测算整个城市的人口容量。由于时间的关系,我就到此为止,感兴趣的同志会后可以和我交流,谢谢。

柴彦威:谢谢丁老师提出这样的问题。

下面请华东师范大学社会发展学院的李丽梅博士给我们做报告。李博士是地理学出身,后来在美国布朗大学的社会学系做博士后,她作为一个"两栖"研究者给我们做报告。

"区位获得模型"在城市居住空间形成过程分析中的应用

李丽梅

(华东师范大学中国现代城市研究中心)

首先非常感谢柴老师给我这个无名之辈发言的机会。今天上午有学者谈到中国城市化的问题,现在城市化在迅猛地发展,预计不久的将来马上就要进入城市的社会,即城市人口占总人口的比例突破50%。那么多人口涌到城市里,尤其是大城市,我们要思考一个问题:人们怎么样在城市中谋求一个安身立命之地。我今天报告的题目是运用"区位获得模型"(locational attainment models)分析城市居住空间的形成过程。

我首先介绍什么是"区位获得模型",它要回答一个什么样的问题,是在什么样的背景下提出来的。第二部分是运用这个"区位获得模型"研究中国城市居住空间的形成过程。

插一句个人体会,刚才柴老师概括得非常精练,我自己也深有感触,一是地理科学的社会科学化,二是社会科学的地理学化,我切身感受到社会学与地理学在方法上的紧密联系。

我首先介绍一下"区位获得模型"。"区位获得模型"可谓一脉相承自社会学经典研究之一——由Blau和Duncan于1962年提出的"地位获得模型"(status attainment models),就是父母的教育水平和地位如何影响日后子女的地位获得。这个模型的影响非常大,并且扩展到其他国家,利用其他国家的数据检验并修正"地位获得模型",添加了许多新的解释变量。其中"区位"可以作为"地位"的表现形式之一。至少在芝加哥学派的"同心圆模型"提出以后,关于个人和群体的空间分布过程的区位问题,就成为城市社会学研究的中心议题。而地理学者也同样非常关心这样的区位问题。简而言之,"区位获得模型"就是想回答什么样的人居住在什么样的地方,为什么?

在美国的语境之下怎么理解区位问题?主要有两种理论解释:一个是空间融合,就是把群体的空间分布当做这个群体社会经济地位得到改善之后,在空间上的反映。这种理论认为个人与家庭的居住区位主要是市场运行的结果,当你个人的地位提升以后可以住在比较

李丽梅(1978—   ),2007年于香港浸会大学获得人文地理学博士学位。2007—2008年赴美国布朗大学社会学系,师从Prof. John Logan进行博士后研究。现任华东师范大学社会发展学院、中国现代城市研究中心讲师。

好的社区里面。美国是个移民国家，特别注重移民研究，移民的经济地位提高以后可以转化为居住的优势，空间融合被看做是移民融入主流社会的表现之一。另外一种是由 Logan 和 Molotch(1987)提出的地方分层观点，认为市场经济的过程不能完全解释区位分布的结果，地方或者社区呈现一种等级的结构，并且地方的等级往往与种族或民族的空间分布重合。例如，对黑人来说，即使社会经济地位得到了提高，也未必能够住到比较好的社区中去，尤其是白人的社区，因为存在许多制度歧视，使黑人在自己的社会经济地位提高之后也难以取得和同等经济地位的白人同等区位的社区。

"区位获得模型"是 Alba 和 Logan 于 1992 年提出的。什么样的人居住在什么地方，为什么？核心的问题是个人之特征，比如教育水平、婚姻状况、父母的地位——怎么影响个人乃至家庭的空间区位。如果把这个问题分解来说，因变量是什么？就是居住区位，属于地方层面数据；自变量是个人属性，试图用个人的自变量去解释区位上的因变量。在这种情况下，可能面临数据的层面不在同一个层次的问题，用个人层面的变量去解释另外一个层面的变量需要非常小心，因为很容易犯"生态谬误"(ecological fallacy)的错误。为什么不直接用同一个层面的数据呢？这里有一个现实的问题——难以同时获得同一个层面上的各种数据。我们能够获得的数据一般来说是集合数据(aggregate data)，比如社区层面的数据，或者居委会的数据；而个人层面(individual level)的区位数据一般来说由于保密性或者其他的原因，我们很难获得。我们分析推论的过程，往往会以个人为分析单位，但我们使用的数据却是集合数据，或者是地方层面的数据。所以，我们在作推理或者下结论的时候，需要非常小心。

Alba 和 Logan 在 1992 年关于"区位获得模型"的文章中，提出了统计上的解决办法。当我们没有办法获得包含区位信息的个人微观数据时，我们怎么样可以把这两个层面的数据联系起来？美国的人口普查通常发布两种数据：一种是集合数据，例如人口普查区(census tract)层面的集合数据；还有一种是公众可以利用的微观数据(the public use microdata samples)，为了保密，这个微观数据不会透露人住在什么地方、在什么地方工作等区位信息。但是我们知道这两个层面的数据是描述住在同一城市里的居民，所以我们可以同时利用这两类数据。

因为我们没有直接的现成的数据库做分析，就采取折中的办法。我们利用微观数据很容易对个人数据进行分析，建立不同的自变量之间的相关系数矩阵。这个方法最核心的关键是怎么样利用集合数据构建自变量与因变量的相关系数矩阵。Alba 和 Logan 指出，在满足一定条件的情况下，我们可以把两者联系起来，只要这两种数据是描述同一个城市的人群，使用的变量也一致。

一方面利用微观数据计算 X 与 X 的相关系数矩阵，另外一个方面利用集合数据计算 X

与 Y 的相关系数矩阵。人口普查是针对全体进行的,所以均值与标准差比微观数据的样本准确一些,因此,复合相关系数矩阵中采用人口普查的均值和标准差。自由度则采取保守的做法,通过微观数据样本数得到。利用不同层面的数据构建不同的相关系数矩阵,然后综合相关参数,形成一个复合的矩阵,最后以这个复合相关系数矩阵为基础构建 OLS 回归模型。我在这里给大家看的这个例子,最终我们分析回归模型的时候,用的就是如表所示的复合相关系数的矩阵。比如 Y 这一栏,计算 Y 与不同自变量之间的相关系数,后面的 X_1、X_2 等则是用微观数据计算自变量之间的相关系数矩阵,后面我们再加上均值、标准差,这样便构成了我们进行回归模型分析的原始数据。许多统计软件例如 SPSS,允许用户对矩阵形式的原始数据进行回归分析。

关于"区位获得模型"的应用价值。如前所述,"区位获得模型"的因变量是一个集合层面的变量。例如,以一个社区的平均房价为因变量,我们要考察什么样的人住在什么样的社区,住房的价格可以反映社区的生活质量,房价高的社区或者地区,我们认为这个社区的生活质量就高一点,对于同一个社区的人来说,Y 值是固定的,不同的社区之间 Y 值不一样,即住房价格不一样,这是因变量。为什么特别关注区位获得? 在美国,你住在什么样的社区很大程度上决定了你生活的质量以及后代的生活机会,所以,我们经常选择一些可以测量社区好坏的变量,比如环境质量、贫困率、住房自有率、犯罪率、学校的质量,等等,应用前面提到的两种理论模型,来解释个人变量怎么样影响到居住的空间后果。

介绍了"区位获得模型"之后,我想谈谈如何应用"区位获得模型"来分析中国城市居住空间的形成过程。我这里用的是 2000 年的人口普查 GIS 数据,我给大家看的目的不是想描述现状,最主要的是想说明具体的应用过程,可能有一些结论不一定正确,主要看方法怎么使用。我们利用模型分析中国城市居住空间的时候,选择一个变量来描述个人和家庭的空间后果,以个人所在街道距离市中心(市政府所在地)的远近为因变量,以户口类型、来源地、迁移状态等个人特征为自变量,研究这些个人特征如何影响到居住区位。我们从密歇根大学中国数据中心获得两个层面的数据,包括集合数据和个人微观数据。这两部分数据包含的变量其实是一致的,只是层面不一样而已。一般说来,分析居住区位,最好以家庭为分析单位。但是由于数据的限制,许多关键变量比如教育水平、职业、户口类型等都是针对个人的变量,为了让模型包含尽可能多的自变量,所以选择以个人为分析单位,看个人的特征怎么影响到居住空间后果,即住得离市中心是远还是近。

利用 2000 年北京人口普查的街道点状数据进行分析。因变量为从个人所在的街道到市政府距离的自然对数,自变量选择了户口类型、户口来源地、居住时间、职业和教育水平等,看看不同特征的人在城市中取得了什么样的位置。

这里简单介绍一下北京"区位获得模型"的分析结果。因变量是从街道到市中心距离的自然对数，当系数为正，说明离市中心越远；如果系数是负的，则离市中心越近。例如，第一个变量是户口来源地，以本地户口且无人户分离的群体为参照组，可以看出不同户口来源地的人与本地人的居住分离状况。来自河北的外来人口系数为正，而且统计显著，说明相对本地人而言，来自河北的外来人口居于离市中心相对远一点的地方。第二个变量是户口类型，模型结果显示，相对于非农户口人群来说，持有农业户口的人群居于离市中心较远的地方。接着加入职业变量，相对于产业工人而言，国家机关、党群组织、企事业单位负责人、专业技术人员、办事人员、商业服务人员等都住在离市中心较近的地方，而农林牧副渔人员则位于离市中心较远的地方。再考察教育程度的影响，相对于具有中等教育水平的人群而言，具有初等教育水平的人住在距离市中心较远的地方。从居住时间来看，相对于从来没迁移过的人群，在1995年以及1995年以前迁入北京的人口往往居于离市中心较近的地方，而在1995年之后迁入北京的人往往居于近郊甚至更远的地方。

　　最后强调一点，本文的主要目的在于介绍"区位获得模型"在中国城市居住空间形成过程中的应用，如何使用这种方法去分析不同类型的人群在城市中谋得怎样的安身立命之所。当然，由于受到数据的限制，模型中包含的变量相当有限；并且本文的集合数据只到街道层面，由于中国城市街道的人口数量差别很大，从几千人到十几万人不等，面积大小也相去甚远，会掩盖真实的混居程度。如果有居委会层面的数据，甚至更小的空间数据，则可以得出较为准确的居住形成过程的图景。2010年第六次全国人口普查即将展开，可以预测，随着最新的包含更多信息的人口普查数据的公布，"区位获得模型"的应用前景将十分可观。

　　柴彦威： 李博士给我们展示了城市社会学、城市地理学相结合的方法，以及在中国应用的可能性。下面，我们最后一位发言者是中山大学的李志刚博士，他是城市社会学、城市地理学相结合的尝试者，最近他的社区研究尝试应用多元方法，他发表的题目是"城市社区研究中的社会学思维与方法"。

城市社区研究中的社会学思维与方法

李志刚

（中山大学地理科学与规划学院）

大家下午好。非常荣幸能够有机会参加本次沙龙，我与其他的发言者一样，非常感谢周老师和柴老师给我这个机会，来这里跟大家交流。

我今天的题目是"城市社区研究中的社会学思维与方法"。这个题目可以说是柴老师的命题作文。拿到这个题目以后，我陷入了沉思。我曾听说，海德格尔在讲启蒙的时候，讲过一个故事，来说明什么是启蒙。他说，在启蒙出现之前，世界是一片黑暗的森林，而所有的思想就像一束一束的光芒，穿过这片黑暗的森林，投射在碧绿的草地上；而所有的光的汇集，就构成我们认识的世界了。所以，我希望今天我所谈的内容代表的是我的一束光，它不是全面的权威的结论，但它也会穿过这黑暗的森林，有它的光和热，与大家的光芒交汇，汇入呈现真实的行列。

我的内容主要包括这么几个方面：首先，我会谈谈社会学思维，特别是对中国社会学以及中国城市社会学的研究方法进行一个小结。之后，我会对一个实证研究或是案例研究进行介绍，也就是广州黑人区的研究，但是我的意图不在分析案例本身，而在呈现地理学与社会学的思维如何在这样的一个研究中的发展，特别是个人在这个研究中的经历以及思考。最后是讨论与结论。

很显然，任何一门学科都有自己的独有思维。前面的发言者也已经提到，综合性和各种学科之间的交融，其实是目前最大的趋向，这也就像无数光芒的交汇。不过，每个学科都有自己的立场，比如地理学重在分析空间差异与格局；经济学会重点研究发展的阶段与特征；人类学主要关注符号和规则；社会学则将目光放在阶层和群体。当所有学科交叉在一起的时候，各个学科自己的焦点也会更加明显。

大体上，社会学一直存在两个流派，理论化与经验技术化。这也是社会学两大传统的延续，也就是欧洲传统与美国传统。早期社会学创始人如孔德等，希望能够把对社会的认识像

李志刚（1976— ），博士，中山大学地理科学与规划学院副教授，研究方向为全球化与转型背景下中国城市内部空间结构。

物理学一样发展起来，因此，他们从比较理论化的角度构建对社会的系统认识。而在20世纪20年代以来，在哲学思潮如洛克的经验主义引领下，特别在帕克的引领下，推动了芝加哥学派的发展和巨大影响；而他们是经验技术化的，尤其强调街角研究与微观分析，这也延续至今，乃至影响到现代中国的社会学研究。中国社会学的发展，可以追溯到20世纪20年代的留美学者们，是一代"社会学海龟"如吴文藻、李景汉等推动了美国传统在中国的发展，他们非常注重实地调查研究，重视社区研究。而中间集大成者则是费孝通。费先生把欧美传统集合在一起，不仅实现经验考察，也强调理论概括。20世纪90年代以来，中国社会学进入一个快速发展的、比较成功的阶段。在方法上，有这样几种研究趋向：比如社会行动分析、理性选择分析，研究社会现象从制度或是制度经济学的应用入手分析结构制度，以及清华大学孙立平教授所推崇的过程－事件分析，还有话语文本分析，以及最近流行的组织网络分析。大体上，中国社会学已经取得了比较大的成就，最典型的是关于"市场转型"理论的经典研究和辩论，20世纪80年代的整个美国社会学界都参与进来，引起了巨大反响。可以说，无数海内外学者都参与了这场辩论，而这场辩论也为未来中国社会学的发展，特别是它与国外社会学的对接、对话，奠定了一个非常好的基础。可以说，当代中国社会学的发展是成功的，无论是理论上还是方法上，都有比较大的突破，社会影响也很大。

而对中国城市的社会学研究，在海外主要有美国布朗大学的 John Logan 教授，他一直在引领海外城市研究网络，他们推崇的方法是综合社会学。我们可以从这些学者的背景，看到这一点。Logan 是社会学教授，马润潮教授是地理学教授，Alan Smart 是人类学背景，吴缚龙是地理学，吴卫萍是建筑规划，黄友琴又是地理学，还有其他一些人口的、政治学的、历史学的，都是其成员。其中地理学的成员可以说是中坚力量。相应地，这个研究网络在研究上的主要趋向还是美国传统，注重问卷调查、深度访谈和微观案例，而一直存在的一个问题则是理论的相对匮乏。直到最近，这些学者们一直在尝试建立新理论，诸如马老师的"威权资本主义"、吴缚龙的"转型城市"和"世界工厂体制"，以及中国的"新自由城市主义"等理论。这里的这张照片，是2007年中国城市研究的学者们在英国卡迪夫大学召开国际会议的合影，在座的柴老师等都在照片里。可见，海内外有大批研究中国城市的地理学者。

而我们面对的问题是，身处中国大陆的中国城市研究究竟何以自处？我本人既关注地理，也主要从事城市研究，在这样的状态下，我们的城市地理研究特别是中国城市地理研究处于什么样的状态？未来我们何以自为？随着中国核心经济大国地位的建立，我们在学术上的相对边缘的位置显得极为尴尬，未来在哪里？路在何方？我们看到，许多地理学者一直在思考和争论相关问题，我自己也一直在思考：我们应该走国际化道路还是本土化道路？是搞西方标准的普适化研究，把中国案例做特例，还是搞出自己的研究标准，以自己的眼光来评判？我们应该更多地追求科学化，追求计量化、GIS 化，还是走向"百家讲坛"、科普化、人文化？是追求阳春白雪，还是要经世致用？是追求经典话题的研究，还是追踪时事，力求社会影响？是应该追求理论化，还是追求实证深度？我以为，这些问题，是当前中国城市地理研究所面临的普遍问题和挑战，也是整个人文地理学面临的问题和挑战。下面，我将通过一个研究案例，来说明我对这些问题的一点思考和看法。

我的案例是广州黑人社区的研究。在座的许多老师在别的地方也许听我介绍过这个案例，但是，我一直没有讲的是，这样的一个研究其实也是一个经典研究案例，它的研究对象非常经典。对于黑人社区研究，其研究对象正是我们熟悉的"城市同心圆模型"的一部分，也就是在CBD周围的一圈，被称为"transitional zone"的部分。芝加哥学派关注的核心对象正是这里，而黑人群体则是其中的典型代表。此外，这个话题涉及其他一些经典课题，例如居住分异研究中的种族维度，以及城市化中的移民问题，特别是跨国移民。今天，随着中国的"大国崛起"，这样的经典现象也来到中国，无论在北京、上海、广州等哪个大城市，都会面临这样的跨国移民现象，外国人社区现象；这一"新的"研究对象就有了理论上的典型性，又有诸多现实意义。

那么，研究什么呢？幻灯中显示的这段话，是从一本书《城市社会学——芝加哥学派城市研究文集》中来的，这是芝加哥学派最著名的经典文集，帕克在里面写道："在大城市内部存在一些特殊的社区，种族社区、隔绝地区，我们需要理解它的这样一些方面：它是什么因素构成的？选择过程在其中起什么样的作用？是什么样的团体、邻里的历史、关联性？"等等。类似的问题同样呈现在今天。很明显，帕克的经验技术是我们首先可以尝试的。刚开始，我们的研究设计也是对于经验技术性传统的延续，我们选择的是广州的小北社区，研究方法是社会学与人类学方法的集成，包括泛结构化的访谈、问卷调查和田野调查，一直持续了三年。每年我们都会尝试做一下实地调研，在调研的过程中不断接触这个空间里头的不同主体，目的很明确：就是分析他们是什么样的群体，他们构筑了什么样的空间，这样的空间面临什么样的现实，等等。在其中得到了柴老师、薛老师和其他老师的许多指导与建议，推动了研究的发展。下面，我大致介绍一下小北的情况。

广州的黑人社区是在中心城区的，这个和美国倒是有点类似。实际上，广州已经有了好几个老外的社区，有些也在郊区。而小北在广州老城区的位置比较中心，就在这个小北路的周边，形成了东西两个集群，东面是所谓的小北路一带，这一片以天秀大厦为核心形成一片核心地带；西面以广园西路为核心，以服装城为主形成了一个黑人片区。在地理差别上，小北主要是讲法语的非洲人，而且发展时段在前面，而广园西的货物相对低端，主要是讲英语的一些非洲客商。如著名的天秀大厦，里面有300多户非洲人住在上面，这个高层建筑的下面四层都是商住，而四层以上从功能来说只是居住；但实际上，一些黑人在里面开理发店、餐馆等，也存在一些房间住许多人的情况。这样就使得这个建筑的空间功能复杂起来了，好比是一个竖起来的社区,集中了很多非洲人的生意、生活和娱乐。

　　基于几年来的调研,我们也取得了一些成果和文章,在国内外的杂志上出现。广州的黑人大约是1.5—2万,但这只是一个估计,没有什么精确的数据存在。他们来自非洲的许多国家,大部分是西非,没有发现来自北非的。大部分的广州黑人都是商人,95%以上的人都是这样,来广州的目的就是进出口,商品有各式各样的,因为出口工作,所以在广州有短暂的停留;有的黑人一个月来一两次,有的一年来几次,有人停留比较长的时间,也有停留几年的情况。大部分的黑人都说英语、法语,已经有一定的社交网络存在,当然也存在一些不合法的行为。其中也存在一些非常穷的人,比如这个访谈对象就说:"我们连100美元都没有,来了必须马上干活,不像那些带许多钱的人,我们一来什么也没有,就得找事做。"从地理上来说,小北路的空间状况我们可以总结为综合了商业和生活的空间,这样的空间既是生产的空间,也是分享信息与交流的平台;正是因为它的平台功能,在广州的黑人都知道小北路。很自然地,进一步的问题会是:为什么是小北而不是别的地方?小北在发生什么样的变化?对本地中国人而言,这样的空间意味着什么?对于政府而言,又会怎么样?等等。这些问题,由于时间关系,我就不解释了,我们的文章里面已经有些说法。

　　我想讲的是,在我们研究的过程中,一个重要的插曲是2009年7月15日的黑人示威事件,这个事件被称为"建国以来第一次外国人集体示威"事件。大家看,这张图非常有意思,后面背景写的是"商圈的唯一时机",前面是黑人与警察对峙,就是这么个局面。警察查签证,造成两个黑人摔伤,造成许多尼日利亚人过来示威。那么,问题是,为什么会有如此严密的签证审查?是什么造成了如此激烈的矛盾?其中的原因,就是我们分析的一个重要视角,这也就涉及社会空间分异的机制问题。我们认为,目前的状况主要是因为地方媒体的报道。我们收集和整理了广州地方媒体对这个现象的诸多报道,其中一个重要的报道(我们在调研的过程中地方官员也不断讲这个故事)就四个观点:广州的黑人是很糟糕的情况,低端产品造成中国人的业主搬离;他们无所事事,非法停留、非法居住的黑人数量越来越多,等等。而这些就成为一般人的常识,还有许多吓人的故事,说他们有一些人把护照扔掉,秘密结婚,许多司机不愿意做这些巧克力的生意,等等。如果在谷歌上搜索一下,会有更多的负面故事,比如不守规矩、打架、艾滋病,等等。那么,非洲商人怎么看呢?他们说,我们就是些商人,我们原来以为这里很便宜,来到这里做生意,多数人后来就回去了,只有15%的人会在广州取得成功。而从非洲社区来看,他们已经有比较稳定的社区组织,有自己的领导,有自己的社区基金帮助社团的成员,就像商会一样。比如像马里社区,每个月由每个人交50块钱收集起来;还有喀麦隆社区,每个月收一些钱大家聚会娱乐;还有,汶川大地震的时候,几内亚社区捐了7.3万给难民。这些,还没有成为大家的常识。

　　事实上,对地方政府来说,小北意义重大,积极的意义大于负面的意义。例如,街道和区政府从2006年到2009年,一直在投钱,把这个地方建得越来越国际化,搞得越来越有商业气息,还要建立工作站以服务国际客商,大量的服务设施开始蓬勃发展起来。这就说明,最基层地方的政府,最了解情况的官员,实际上是希望搞好这个地方的,希望能通过空间手段推动社会关系的稳定化、和谐化的。而对中非关系而言,不用多说,这几年是越来越重要。无论是中国人在非洲,还是非洲人在中国,对于国际政治版图而言,都有很重要的意义。这个西方已经注意到了,我们还在懵懂中。

的确,非洲人在小北路,给它带来了巨大的商机。但是,目前这种商机是纯粹的经济联系,缺少社会与文化的联系,特别是面临比较大的文化与行为的差异和隔阂;所以一直存在社会与空间的脱节状态。比如非洲人就说,有一次,出租车司机带我绕啊绕,我下车的时候就用中文说:"你满意了吧?"而中国的客商说,非洲的文明在这里不行,他们有许多问题。目前的这种不信任是双方的,社会空间隔离的现实明显。

讲到这里,似乎研究也做完了。但是,我们经历的过程是那么真切,敲打我们的是,无数被访谈的非洲人无数次地问:你们的研究对我们有什么用?能改善我们的困境吗?作为研究者,我们只是站在一个中立的立场,来再现一下此刻的历史真相。而这样的社区和案例,却恰好是需要一个真实的真相,才能摆正它在中国社会的位置的。至少,我们可以通过调研表明他们的位置,表明其中存在的价值。对广州这样一个"首善之区"的城市而言,这样的群体和他们的空间更是意义重大。

解铃还须系铃人,所以我们在2009年开始大量接触各种媒体,比如《南都周刊》、《南风窗》、《三联生活周刊》、《南华早报》、《读卖新闻》、*New Yorker*、*Washington Post* 以及各国的很多电视媒体等,我们基本上是来者不拒。我们对他们讲我们看到的真实是什么样的,我们如何看待这个问题,作为中国的立场应该是什么样的,等等,以此影响媒体,修正早期比较随意的排斥或者负面的报道。作为结果,在2009年以后的报道中,主要有两轮密集的报道,一轮是7·15事件之后,还有一个是奥巴马访华期间,我们都参与了。其实我们有我们的目的,因为我们要帮非洲人重构形象。

故事到这里,我想说的是,所有的讨论所有的研究,最重要的答案还是"还原真实",并用真实指导我们的实践。无论是理论研究,还是实证分析,如果远离真实,仅仅是文字游戏或者是数字游戏,那么无论什么理论、方法就都是扯淡。这说来简单,做起来很难。而社会学的唯一特性是其相对性,即观点上之相对,认识上之相对,其长处在于批判常识,并且超越常识。在我们的研究案例里,我们看到社会对空间的影响,以及空间对社会的影响,所以,空间在这里作为我们问题的起源,非洲人的聚集在这里成为一个空间话题;而如何看待这个空间,如何管理这样的空间,则成了解决之道。我们的研究批判了错误的常识,并且超越这些常识,进入对正确常识的建构实践里去。

从前面关于研究本身的争论来说，我觉得，可能的方向和我们看待非洲社区相类似，也应是"追求和而不同"。正如皮特在《现代地理学思想》中讲到的，地理学的政治任务，就是让人以欣赏而非破坏的方式，了解它们的异同。这一观点，至少对于族裔关系，对于本案中所再现的事实，是极具启发性的。在未来的研究上，对于我们青年学者，费孝通先生在《乡土中国》中曾指出：存在两条道路，一个是以制度研究为核心，一个是开展综合性的社区研究。这说明，对于社区微观的深度分析，从对事实的建构本身出发，综合理论思考与实证分析，综合社会学、地理学和其他学科的研究工具，正是体现了费先生对于此类研究的期望。未来的道路，已经在我们脚下！谢谢大家。

柴彦威：谢谢李志刚博士。他是社会学思维方法在城市地理学研究中的践行者，也是这方面的学术带头人。

由于时间的关系，我们先请三位评议人分别进行评议，首先请东北师大的修春亮教授，他也是长期研究城市地理与城市社会空间结构的著名学者。

特 邀 评 论

修春亮：感谢安排我做评议,实际上做评议比较有好处,不用抢话筒,我估计许多的教授已经着急发言了,我说得短一点。

第一位熊教授研究地理思维与社会学研究的问题。第二位冯博士研究相关人口预测的问题,这里面有许多的技术问题,我也是有同感的。丁金宏教授研究人口容量的重大应用问题,而且这里比较可取的是不仅仅研究应用,也渗透许多的哲学思考,对我们很有启发。李丽梅博士研究区位在一些场合的应用,包括在中国的应用。李志刚博士与第一位熊教授刚好相反,倒过来了,社会学思维在地理学中的应用。对照起来很好玩。

柴教授给我的任务是：一方面,总体上给予评价；另一方面,主要对熊教授的议题做一定的评议。熊老师对人文地理学一些问题的理解还是很不错的,这是总的印象,从社会学的角度,而且这个角度很好,我作为一个局外人,听出来了社会学对地理学的借鉴。你比较关注这些问题,我们人文地理学者更关注反过来的问题,就是社会学的思想方法、理论模型在地理学中发生的作用。我建议以后交流的时候,你对我们这方面多做一些交流。

结合今天各位的发言,我有这样的体会,我的感觉是：中国进入工业化中期以后,社会问题受到更多的关注,这在我们人文地理学界也反映出来了。在西方,社会问题的研究是人文地理学研究的主流；在我们中国,经济问题和城市问题研究得更多一些。究其背景有许多的原因,一个重要的原因是我们中国政府主导下的社会经济发展模式,使人文地理学者可以在这个社会空间里发挥非常多的作用。这个也可能是中国的地理学者,特别是人文地理学者比西方的地理学者更加幸运的所在,我们可以有比较高的地位参与社会经济重大问题的决策,不管是中央层面的还是地区层面的,甚至是更小的县、乡镇层面的。

至于中国人文地理学者的研究,下一步还有一个阶段,就是由借鉴西方理论、西方概念、西方模型对中国的实际问题进行研究这个阶段进入另外一个阶段,即根据中国的特殊情况发展出有中国特色的概念、中国特色的理论,甚至是中国特色的模型。这是可以预期的。为什么呢?因为中国正处在快速的社会转型中,有许多重大的问题既是中国的问题也是全球性的问题。现在许多西方的大学成立中国研究中心,意识到中国的快速变化会产生许多科学性的问题。希望中国学者特别是年轻人在下一阶段中,能够超越西方的概念模型,发展中国特色的新的模型；反过来,部分西方人也会来引用中国的模型。在这个阶段,我们的人文地理学研究就达到了一定的境界。谢谢大家。

柴彦威：谢谢，下面有请中山大学薛德升教授作点评。

薛德升：从学生的时候就有认真的传统,今天早上一拿到日程,就看安排自己做什么,发现要做评议人,里面还有丁金宏老师,我就一阵兴奋。为什么呢？前几年,丁老师主持过一些研究项目,关于非正规就业方面的,我这两年也在主持类似的项目。没有想到一看题目：丁老师改讲城市人口容量,练起"乾坤大挪移"了,我就不好说了。

给我的任务是评冯健老师和丁金宏老师的报告。冯健老师的报告是非常扎实的,里面涉及我们国家目前城市规划中人口研究的应用所涉及的几乎方方面面的内容,包括人口预测、人口特征与空间联系、城市联系的主导方向、老龄化的关系。这方面以前在周老师的带领下,已经做得非常扎实和领先了,但是大家都关注城市的人口能否预测得准。能预测准吗？能够预测准的就是高水平的人。丁老师说预测得准是不可能的,预测得不准是应该的。

我们城市地理学有许多的研究,比如城市空间测绘的研究,比如李志刚博士做的黑人研究,他们在城市里处在什么样的位置,包括人口的时间—空间行为的研究,还有我自己做的非正规就业的城市空间研究。对这些方面,我们做了许多非常扎实的成果,这些在城市规划里面还没有被应用进去,或者城市规划者在编制规划的时候没有发现这些问题非常重要；而实际上这些问题是非常重要的。最近,城市规划里面讲要强调科学规划,要为低收入阶层提供住房,这是城市总体规划的必要内容,就是一定要回答的问题。

我感觉城市地理学者已经研究和正在开展的研究,在未来的城市规划中有更多的应用空间,比城市规划学者更能够体现科学规划的一些内容,这是关于冯健老师的报告。

关于丁金宏老师的报告,有一点我比较受触动。你后面讲到自然生态、社会生态和经济生态,自然生态非常容易理解,从自然环境考虑人口的容量问题；关于社会生态,你后面的部分没有讲,但是今年的中国地理学年会上请来的苏格兰学者说,城市地理学在研究城市人们的生活质量,就是说在做房地产方面的研究；社会生态如果单单考虑城市交通就稍微窄了一点,生活在城市里面的人的生活质量也很重要。经济生态,我没有理解,所以我觉得还是刚才所讲的一个观点：我们城市地理研究对未来的城市规划和城市人口预测会有很大的空间。

接下来谈一点体会：最早的沙龙,特别是第一届的沙龙,有一点柴老师所说的华山论剑的味道,每个学者都要上去讲讲,讲讲以后大家看武功练得怎么样；所以不同的学者有不同的风格,有新闻联播式的报告,有百家讲坛式的报告。从上一届开始有所改革,除了华山论剑的味道,还有一点像星光大道,每一届我们不断推出新人,刚才李丽梅老师说自己是无名之辈,所以接下来的评论者是上一届星光大道推出的新星刘志林老师。

刘志林：去年我是薛德升老师推出来的新星。我非常荣幸作为一个年轻的学者做评论，我的任务是点评两位李博士的报告。我觉得这两篇文章的安排很有意思，是很好的对照，其次体现了我们在城市研究中社会学与地理学很好的对话与融合。从对照上可以看到这样几点：李丽梅博士文章中谈的问题，从社会学来讲是社会分层，从地理学来说是空间分异；李志刚博士做的是非常经典的社区研究或者群体研究；所以，两篇文章能进行比较好的对照，我们在关注城市的时候可以从这两个议题出发。从研究的方法来讲，是基于科学实证主义的定量与归纳和理论架构的定性方法的对照，都非常经典。

还有一点，李志刚博士对认识城市社会和城市问题的所谓的学科范式或者是价值取向有一些更广泛的思考；另外，李志刚博士最后说了一些呼应，这就是第一位发言人提到的在城市社会研究中的一种行动研究范式。

第二个方面我想讲的是，这两篇报告体现出社会学与地理学在城市研究中的对话与融合。从我的体会来说，也有这么几个方面：首先，我想无论是社会学还是地理学，我们在城市研究中关注共同的议题，这个议题从根本上来说就是研究城市中的人或者是城市中的群体，或者是社会。如果从社会学的角度来说，可以说是人的差异性或者是社会分层，或者是不平等的议题；而用地理学的语汇来说，就叫空间分异或者是空间不平等，它从根本上反映出人与人之间的关系、社会的差异性。从这里再引申一下，近三四十年国际社会的研究和近一二十年国内的研究，有更多的价值取向，人文关怀更加明显了，包括城市的流动人口、女性或者是老年人口，这在国内的文献中体现得非常明显。无论是地理学还是社会学都体现出社会关怀，这种议题的类似恐怕不是一种偶然。今天几位发言人分别提到了芝加哥学派，如果我们去追溯的话，城市社会学或者是地理学经典教科书的经典理论就是芝加哥学派，这也是可以延续的。我们的对话和融合从芝加哥学派可以延续出来，无论是采取定性的方法还是采取问卷调查的方法，都是重视实地调研。

另外，理论上也有对话。怎样通过对城市的研究提升我们对城市变迁的哲学思考或者是促进哲学范式的革新？包括今天上午一个老师说的社会研究中的制度转向或者是文化转向这些要素，在今天几位老师不同的研究和发言中都得到了体现，这里有一个理论上的互补。我不知道是否概括得准确：从社会学角度来讲，任何社会问题必然有其空间格局和空间结果，这种空间格局和空间性可能会形成依赖，这方面地理学对于城市社会学是有所帮助和贡献的；从另外一个角度来说，地理学家关注的空间问题、空间格局必然经历了某一种社会过程、有其社会动力机制，从这些方面来说，我们还可以借鉴社会学家的观点。

我不能对两个报告做具体的点评，这只是一点体会。

最后说一点大的感受。去年沙龙的时候，讨论的中心议题有对于地理学学科的核心或者是学科的特点的一种质疑，我当时作为一个初生之犊，提出来地理学家应该勇于走出去与其他学科进行对话,而在对话和辩论中定义我们的特点,定义我们的学科边界和我们的优势。今天从早上到现在,与历史学家、人类学家、经济学家、社会学家的对话,至少从我的角度来说,是帮助我更好地理解地理学和更好地理解我自己的研究。

希望以后可以多展开,谢谢。

柴彦威: 谢谢三位评议人的精彩点评,下面我们进入下一个环节。首先请问五位发言人有无回应,我们优先给大家留一分钟左右的回应时间。

丁金宏: 我后面的模型部分不可能在这里展示,这是我花了许多工夫做的,包括我的学生,谁能够读完,我给他两百块。

柴彦威: 下面进入自由讨论环节。我想提醒大家的是,在你提问或者是发言的时候报一下姓名和单位,并且说话慢一点。

我希望后排在座的听了一天的学者,更多地发表自己的看法。

自 由 发 言

张景秋：大家好。我是北京联合大学的张景秋，我也是学地理的，学了十年的地理。今天我感觉非常好，也非常感谢周尚意老师有这样的提议，把与地理学联系最密切的经济学、历史学、社会学交叉在一起，共享观点。学生常常问我一个问题：上课的时候感觉有很多的理论、思想、方法是借鉴这些学科来的，那么地理学到底是什么？刚才李志刚博士讲地理学研究空间差异。通过五位博士和教授的发言，我想提一个一直在考虑的问题：空间如果作为地理学最本质的特征，空间是不是中立的？是不是静态、固有的？刚才与周老师讨论了一下，我们达成了一个共识。空间到底是结果还是变量？这个可能是地理学研究要思考的一个问题。第二个要思考的问题是什么呢？就是有没有无空间性（如果说地理学研究的本质在于空间的话）。地理学存在无空间这样的概念。

如果地理学研究的空间不是中立的，是一种资源，首先这是大家认可的，然后它需要分配和配置，同时它可能也体现出不公平，体现出不均衡，有不平等才有差异。我刚才对李老师研究的黑人社区非常感兴趣，我自己想，如果进行深入的研究，把空间作为一个变量——为什么它会在这个区域？是否通过各式各样的抗争？这里面可能就会牵扯经济社会的因素，以及历史的时间因素。这个空间是否是通过抗争得来的差异与分配？包括李丽梅博士讲的区位获取，这种区位获取是否是通过抗争而选择的合适区位，由合适的人群占用这样的空间？我觉得，地理学更多研究作为结果的静态空间，而没有把空间作为变量研究，所以多少感觉到地理学本质的东西有所丢失。

第二个，关于无空间。我翻译《文化地理学手册》时，包括我自己研究人文主义的时候，也接触到一些。比如在西方的研究中，人们在迁移的过程中寻找适合自己的空间，比如农民工，他迁移的过程是动态的，寻找适合其空间的过程是无空间性的。作为地理学者来讲，是否应该更关注地理学的本质，把空间作为一个变量去思考和研究？

柴彦威：张景秋老师提出了一个很重要的话题，就是关于地理学是更加注重对空间过程的研究还是对空间结果的研究，我觉得更重要的是空间过程。以往许多人理解地理学是关于空间结果主要是空间格局的研究，而从1970年代以后，地理学从格局的研究转向过程的研究；当然，转向太多了就可能走到经济学与社会学的领域去了。我觉得经济学与社会学中的空间概念是一个变量,是解释经济现象或者是社会现象的变量;而地理学应该更多地是解释空间中应用的社会学与经济学的变量。所以,在不同学科中,空间作为一种手段的应用是不同的。

王铮: 我觉得不能讲空间是地理学的研究方法,空间只不过是一种视角。刚才李志刚研究的问题是空间吗?是在空间视角上研究的问题;丁金宏先生研究的东西是空间吗?也不是的,这是一种视角,许多人强调了这个问题。今天因为时间有限,空间就是空的,空的东西我们不争它算了,所以空间就是一个背景。

我们做地理学更多地是用整合的方法。人可以容纳多少?什么时候就不能再容纳了?我们给出一个环境的限制,我们给出一个经济的限制,不管怎么样,我们地理学家把各种角度融合起来;但这个融合有一个极限,不可能全中国的人口集中到一个城市来,也就是说,城市的容量肯定少于14亿人口。但是,究竟是多少?不知道。在这个过程中我们寻找最优的。同样,城市化率肯定大于零,我们按照各种条件不断寻找最优的城市,城市化快也好慢也好,都值得商榷。我觉得在这一点上地理学家要做的应该是把整合的方法作为基本方法。这不是我的发明,这是洪堡的观点。应该像物理学一样研究地理学,不仅如此,还需要整合。所以我对此补充发言。

李丽梅: 刚才张景秋老师提的问题非常难,我没有办法回答,我只作一个补充。空间究竟是结果还是变量?我刚才讲了,以我个人的观点,空间既是结果也是变量,或者既是自变量也是因变量。有一些人就关注后果,我们之所以要关注后果,有一个假设是它可能会影响到生活在这里的人乃至于后代,有时候我们可以通过你住在什么样的社区来推断你这个人的社会经济地位,或者你的小孩以后的生活机会。我们分两类,一个是区位获得模型,另外一个是背景研究。比如凭着这个社区学校的质量,可以预测生活在这个社区的小孩以后的生活情况。还有一些地方是少数人住在一起,他们以后可能很难就业,而又依赖于当地的福利,其状态难以改善;它既是自变量,又是因变量,取决于研究的取向是什么。

柴彦威: 由于时间关系,我们的自由讨论就到这里。我们明天早上还有自由讨论,应该有足够的时间,让我们把一些话题留在明天吧。今天下午我们要特别感谢五位博士的发言和三位博士的评议,以及在座的各位参与讨论、共同分享他们的成果。

谢谢各位,华山论剑留待明天上午。

圆桌会议

主 持 人：保继刚　中山大学地理科学与规划学院
　　　　　赵世瑜　北京大学历史学院
　　　　　朱　竑　华南师范大学

保继刚：各位朋友，各位同行，大家早上好。经过昨天一天的大会报告和讨论，今天我们按照议程进入圆桌会议——尽管桌子是长方形的。今天上午的圆桌会由我们几个人主持。非常感谢周尚意教授利用"权威"把几位著名的历史学家聚集到这里来。要是没有这样的"权威"，历史学家与地理学家不太容易在一起讨论共同关心的问题。我在中山大学与陈春声教授非常熟，但除了开工作会议之外，还没有机会一起坐下来谈论感兴趣的话题，在广州没有开成沙龙，反而在北京开了。

我们的主题是这几届沙龙的延续，这次主要讨论各种研究方法在人文地理学中的应用，或者反过来，地理学方法在其他学科中得到的一些应用。有关研究方法的问题，我想可以上升到研究规范。人文地理学在这几年的讨论中，已经形成一些共识。也就是说，在过去的发展当中，我们对规范和方法的思考不是特别足。在整理这个问题的时候，我看到周国平先生说："学术规范化的前提是学术独立，真正的学术规则是在学术独立的传统中自发形成的，是以学术为志业的学者们之间的约定俗成。"同时，他也强调研究规范有过程规范，有成果表达的规范，有学术评价的规范。在座的有许多历史学家，20世纪最伟大的历史学家之一陈寅恪先生有一句名言："独立之精神，自由之思想"，到今天，我们仍然在想学术的独立之精神，自由之思想。我只在上中学的时候学过一点点历史，但是在长期的工作当中感觉到中国的历史学已经有了一整套自己的非常严格的做学问的方式和方法。我们从昨天几位历史学家的报告中，已经感受到了这些业已形成的研究规范或者是研究方法。所以，今天沙龙的第一个方面，就是对研究方法或者是研究规范问题进行讨论。我想请历史学家先谈，然后请自然地理学家谈，从中，我们来反思人文地理学，再从人文地理学本身来看这个问题。

昨天我们还有六位教授提交了题目，希望做像昨天那种形式的演讲，我们商量把这六位教授的演讲发言融汇到后面的讨论中，把你们的题目与今天整个会议的主题联系在一起，就不再单独安排像昨天那样的报告形式了，我们以沙龙讨论的形式来进行。

赵世瑜：各位好，我的历史学同行上台的时候都表达了诚惶诚恐的感觉，其实我也一样。刚才有人说到有什么权威，在这种权威之下当然是诚惶诚恐的。今天是圆桌会议或者是沙龙，我们几个谈不上主持，特别是我，按照沙龙或者是圆桌会议的说法只能是引言人。怎么做引言人对我而言是比较简单的，我从比较坏的角度想这个概念，有两条：一条叫抛砖引玉，从比较坏的角度想，是我把砖头打过去，砸了人以后还要一点玉回来；第二个是引蛇出洞，极尽挑拨之能事让大家讨论起来。这是引言人的职责。

怎么引言呢？我想起大约十年前的事，当时李平在商务印书馆开过一个很小的会，蔡运龙教授也在场，多数是地理学家。忘了当时在谈论什么主题，我说做历史的为什么现在还在做这样一类看起来很无聊的事？后来我半开玩笑地对蔡运龙教授讲，我们基本上是没有钱，怎么办呢？只有去看书，大概就是这样的。有钱挣看书就不大容易了。最近的情况有变化，少数同行可以在电视上做明星，有很大的钱挣，所以他们也就不用看书了。好像在历史学的一次沙龙或者圆桌会议上，人们发言都强调我们现在做的一件主要的事情就是看书，而不是做项目。每当大家说到自己正忙着做项目的时候，都觉得特别丢人，说：不好意思，最近手里有一个项目。为什么觉得很丢人或者是自惭形秽呢？这些年人们看到越来越多项目的成果，包括历史学者做的，实在有很多问题，或者是对付事，或者是胡说八道，至少没太认真研究，里面存在非常多的问题。我有时候突发奇想：像王铮教授这样的学者，应该组织学生做一个很好的项目，就是专门研究过去做出来的项目和咨询报告，以及研究规划，有多少是有效的，多少是无效的；有多少对国家的政策导向起积极的作用，有多少起负面的作用。我觉得这个项目做起来一定很有意思。

王铮：计划研究的结果效果是不好的，后来说是再调查调查。

赵世瑜：我们心里也会想一些事。昨天有一位学者提历史学与地理学怎么合作，两者之间怎么有更好的合作。昨天上午我以前学校的领导（注：韩震）讲，我们学校地学方面的学者很会搞钱，所以我想到一个很好的合作方式，就是地理学者帮我们搞钱，让我们这些不太会搞钱的人能够几十年如一日地读万卷书、行万里路。

前面说的有点开玩笑。我们讨论了地理学从其他学科受惠，也讨论了其他学科从地理学受惠；这里面有一个很关键的问题，在我们今天的沙龙上也可以关注：就是包括地理学在内的不同学科，在哪些问题上有共同的关注？地理学和其他学科的互动，应该以这些共同关注的问题为中心。或者我们在共同关注人的存在、人的发展、人的命运的时候，如何从不同的视角思考空间以及其他的地理学主题在其中的作用。

昨天也有学者谈到空间过程如何通过时间过程，或者是通过社会结构的过程重新得到解释。他们是从各自不同的学科出发的。其实这个问题还需要继续讨论。

再有，人在这样的空间过程中的作用是什么？我们大家关注人，不管研究什么，都是以人为中心，为人服务的，即所谓人本。昨天有学者讨论说空间是多层的，存在不同层级的空间。这种多层的空间是如何构建起来的？不要说去理解地方或者是理解空间，抛开人或者是人文这一切是否可以做得到？换句话说，我们可以反思在当今的人文地理学研究中，人或者是人文在具体的描述或者是表达当中——不管通过什么样的方式，书或者是文章，究竟占有不占有位置，或者是占有多大的位置？这是从外学科来讲对地理学，特别是对人文地理学的期望。所以我想，各位学者不管自己出身于哪个学科，等一会儿都可以超越自己的学科来讨论另外学科的问题。这恰恰是我们特别感兴趣的，也是这次会议能够得到发展，能够取得成果的一些因素。我就讲这么多,谢谢大家。

朱竑:前面两个大牌教授已经作了很好的主持发言,我是来凑数的。我用一句话表达我的心意:"世界因差异而美好"。尽管从历史时期来看,史、地自古就是一家人,但历史学者因为读书而越来越圣洁,地理学者因为去搞钱而越来越庸俗了。怎么让历史学者多一点钱,让地理学者多一点圣洁,这是我们大家共同寻求的一个终极目标。其实我自己也深刻地感受到最近一段时间以来,在地理学研究过程特别是人文地理学研究过程中,我们在应用方法上越来越严重的困惑。很好的研究话题不知道怎么表达,如《地理学报》要求一定要计算,一定要有公式和模型表达。在《地理学报》上,这样的文章几乎是99.0%。如果一篇文章没有好的数据,很难得到发表。结果是我们越算越糊涂了,觉得人文地理学方法出现了许多让我们困惑的地方。早些年旅游地理学做300多份问卷、400多份问卷,拿过来研究差异性、方差等,我们最近用结构方程式方法,算了五六篇发现也不行了。昨天几位历史学者的研究告诉我们,他们在有意无意之间已经用地理学的方法做了很好的研究。但是据我了解,我们的地理学者,尤其是做历史地理的小部分学者,人数越来越少,而且离地理越来越远。昨天张教授也表达了这样的想法,在下一节的讨论里面我们希望能听到更多不同的声音。希望我们大家共同努力,协同作战。

保继刚:我们在谈方法,我们一直觉得历史学已经形成了自己的一套中国环境下的有特点的研究方法。我们想从历史学者那儿得到一些启发。昨天的报告已经得到了许多的启发,我的下一个研究会把你们的思维方式用进去,所以先请陈春声教授发言。

陈春声:其实两位地理学者刚才的报告对历史学有严重的误解。坦白地讲,不要以为我们坐在这里的几个人就代表了历史学,其实不是的,我们是历史学中非常非常不重要、非常非常边缘的另类。所以,历史学是圣洁的,另类就不那么圣洁了,大家也知道。

昨天开了一天的会,我们几位对地理学者更加有敬畏之心了。地理学家们还是有共同关心的问题,如刚才大家都在讲的计算之类,可见地理学基本上有一个科学化的要求和科学化的训练,总体来说,听起来水平不至于像历史学这样地参差不齐。刚才主持人说了,历史学有本土的传统,这是事实,我们一不小心就从司马迁开始讲起,一般说来,好的学者用外来概念的时候会比较小心。不好的地方是,因为有这么长的本土学术传统,差不多有一半的中国人都自以为自己可以做历史学家。有时候不小心参加一个很小题目的所谓学术研讨会,都会坐两三百人,而且每个人都认为比我们懂得更多。所以,历史学内部的参差不齐、分化和价值取向的多元是非常厉害的,可能比地理学家复杂很多、不整齐很多,这是真的。

刘志伟：讲到规范和方法，我还是说实一点的。我昨天听一位学者做报告的时候在规范和方法上有一些感想，我不记得是哪位学者，不知道是不是地理学家。我们有一个规范可能比较基本，其实也不单是历史学科的规范，而是所有学科的规范，在中国，尤其是在社会科学中。刚才朱校长讲《地理学报》需要公式和数据，这本来是很好的要求，即实证，但是现在许多有这些内容的学科，比如社会学、经济学，好像只要有这种形式就意味着实证。还有，我们现在的许多讨论会，实证的规范越来越远离，这是一点。作为历史学家，不管我们脑袋里面想的问题有多大（其实我们脑袋里想的问题都很大），我们切入和我们花大量时间所做的，都是一些很实证的东西。我很直截了当地说，我昨天听讨论的时候有一个批评性的意见：实证的东西太少。实证不是说不想大问题，我们脑袋里面的问题都很大，这又是一点。

另外一点，许多学科喜欢把自己的讨论与历史联系起来，但是我觉得无论是地理学或者是我们平时了解更多的经济学、社会学、政治学，他们讲到的历史是什么？是根据一些陈词滥调，是以一个早就被历史学抛弃的事实和判断作为对历史的了解。这当然不能说是哪个学科的问题，像保继刚才说的，这是中学历史教育的问题。我们中学历史教育要骂赵世瑜教授，他做得很好，但是没有做够。中学历史教学是非常糟糕的，整套历史学的体系远离历史学近30年的发展，还有很大的差距。

比如昨天说中国的城市化是自然经济下的城市化，恐怕我们30年前就放弃了这个观点，现在在这样的沙龙里面却又提起。对一些历史材料的判断，历史学者已经有了大量的研究，包括我们历史学科在内，也有很多人没有注意到——不是没有注意到，而是根本不顾已经做过的研究，还拿几十年前的话提供的事来解说，这样就会直接影响我们对后面的判断。刚才说的城市化问题，1840年到1949年城市化的那个数字很明显是有问题的，这是我们做历史的都非常清楚的，过去的城市人口数字不是现在的城市人口数字，这不是同一个概念，我们非常清楚。大家拿数据的时候不加分析，也不看历史学家已经做的研究，我想这是规范和方法的问题。

王铮：我觉得有一个问题需要澄清一下。刚才老赵（注：赵世瑜）讲了历史学家与地理学家的问题，纯洁与庸俗的问题，你提倡大家要结合。我觉得有一个问题，当我们做一个学科的时候，它有自己的道理，像北师大的史校长做的课题一来就是上亿，我说汶川地震北师大就高兴了，它有自己的学科指向，我们就没有办法。所以，也不能讲谁拿钱了就庸俗了，我是拿不到钱的，我们也不能说拿钱了就庸俗。学科有多面性，我看复旦大学做历史气候研究与地理结合起来，也拿了不少钱。这是个有无社会需求的问题。总而言之，不是说做学问一定要结合社会需求，我们要把学问做下去，但是另一方面，我们在学术上也要互相宽容一下。这是一个问题。

保继刚：我有一个想法，为什么我们人文地理学发展了这么多年，我们的这几次沙龙还在谈方法？解放后我们发展单一的经济地理学；到20世纪80年代，南京师范大学李旭旦先生倡导要复兴人文地理学，在复兴人文地理学的过程中，有一段时间，有地缘政治研究，有聚落研究，那个时候有一些纯研究的东西，但这是一个很短暂的时期；到1989年以后就一切都变了，凡是有利于发展社会主义生产力的东西都是好的。所以在20世纪90年代以后，人文地理学研究又在短暂的发展之后转向了基本上以经济地理为中心，所以说，到今天我们反过来又在谈最基本的东西，还在说方法。今天在座的还有自然地理学者，我本人也是自然地理出身，之后做人文地理学研究，早期是将自然地理学朴素的自然科学方法直接移植过来。李秀彬先生在这里，他一直做自然地理研究，下面请李秀彬先生从自然地理的学科角度谈谈对人文地理学研究方法的看法。

李秀彬：谢谢主持人，非常感谢给我这次发言机会。我是第一次参加人文地理学的沙龙，刚才保继刚说我是自然地理学者，我现在的研究方向是土地利用，这是非常热的领域，不论国际国内，从事的人数、发表的文章都非常多。我现在很难说关注的是自然地理，对于土地利用变化的解释，用的主要还是经济的因素、经济的方法；但是我一直以来受的都是自然地理学的训练，平时接触的同事也是自然地理学者。不过，我对人文地理学非常感兴趣，今天就谈一下关于人文地理学的看法。今天要说的这个话题，其实还没有考虑好，说出来供大家批评和讨论。

先声明两点：各种学问，方法、视角都有自己的价值，这是一点。第二点，世上的学问有科学，但不只是科学，还有人文。我这里面讲的人文以及人文地理学方法，只是读书心得，我说的主要还是人文主义或者是人本主义地理学，不是今天这个会上讨论的人文地理学，假如里面说的是错的，请大家包涵。

上个月初，11月6日，德国隆重纪念柏林墙倒塌。这也重新唤起媒体对隔离墙的热议。墨西哥有一家报纸，引用法国地理学者做的一个统计：近六年来，在欧洲和中亚地区建立起各式各样的隔离墙2.6万公里。柏林墙倒塌了，但是这种情况还在，无论出于什么样的目的。建造隔离墙是一种地理策略，地理学者对这个有兴趣不足为奇，既然涉及策略，就有个善恶是非的问题。马克思主义地理学者以公平为发问的起点，人文主义地理学者问来问去，大多问到善恶的问题、是非的问题。

Robert Sack试图建立一门地理伦理学，他就考察了隔离墙。但是我今天要讨论的不是隔离墙，隔离墙是有形的，而我这里要说的是无形的那种，最突出的例子就是地域歧视。2002年出了一本书，叫《河南人惹谁了》，影响很大，许多人就此解释，也就此辩驳。随后，市面上出现了《X地人是咋样的》、《X地人凭什么》之类的热销书。我也在琢磨一些书，比如

《北京人怎么啦》、《别拿上海人说事》、《其实你不懂广州人》、《纵横天下湖南人》、《安徽人你为何沉默不语》,等等,一大堆。有一本书,给大家念一下里面所讲的性格地图,说 2000 多年前,各式各样不同的地域文化在不同的房间起床了,每个人身上烙了胎记,在这里,每个人都可以找到自己的性格基因。给每一个人勾画性格地图,这显然不属于隔离墙之类的地理实在,也不是地理策略,它涉及的是人们头脑中的观念。Sack 对地理策略提出了两种评判方法:一种是相对的,比如从实用的和功利的角度进行评判,比如在座各位所做的各种规划,到底是好的还是坏的,善的还是恶的? Sack 的另一种方法,是从地理学的角度提出一个评判依据,他评判的依据是"真"。从这个角度出发,那些遮蔽"真"的地理策略及其所产生的地理实在,就是恶的。我这里想说的不是地理实在,而是头脑中的地理观念。按照马克思主义的说法,认识世界改造世界所采取的态度和方法由世界观决定。我觉得地理观念显然也是一种世界观。在历史上没有哪个时代能比拟眼下的世界,地理观念的碰撞是如此激烈和广泛,地方意识与乡土情结一方面捍卫着传统文化遗产,另一方面也累积着地理成见;民族主义维系着族群的团结,同时也与披着国际主义外套的全球化发生冲突。在未来一段时间,主流的意识形态越来越要与之碰撞。从这个角度来说,我们现在讨论地理观念问题,就显得很重要。

从 Sack 提出的对地理策略和地理实在的评判标准来看,地理学所做的事情是"善"的。科学的地理学解释地理事实,拿出地图解释"真",对其有所贡献。另外一个,由于给出了大量的地图,使人看到了世界的差异,多样的世界也让我们有大同的世界观,这些都是"善"的。但是,有什么问题呢?

大家都看了那本书:*How to Lie with Maps*,我们在方法上存在问题,不说地理学者做规划和研究的时候,出发点是否是"善"的,是否有族群的或者有部门的利益,我们的方法本身就存在问题。大家都讲尺度问题,其实这是个两难的问题。也就是说,用"真"来评判"善",在地理上,是存在技术上的问题的。

怎么办呢? 也许需要换个角度。从方法论的角度来讲,与其按照实证主义确立评判的依据,还不如按照人文主义的传统,来解释悖论。英国的一个物理学家 Bohm 提出,世界上的许多困难都不是问题,而是悖论。比如我们早晨起来出门,路上见到一个小石子,我们的态度是不理它,如果我见到小石子踢一下,就有问题了;假如见到青藏高原,会绕过去,不会硬爬过去;如果遇到的只是个小坡,会努努力翻过去。作为学者,面对悖论的时候,也就是遇到青藏高原的时候,只能解释、领会,而不能试图把所有的东西都用科学加以解决。我们现在的科学能够把世界解决掉吗? 不能。我们还要依靠人文的精神、艺术家的精神去把这个晾晒出来。

我们地理学,尤其是人文地理学,学者问来问去都问到了悖论上。看看段义孚的书,都是以悖论开头的。不如只解释这些悖论,无论是先验的,还是实证的。当我们呈现一个完整的世界,也许就像Sack所说的那样,我们呈现了"真",就达到了"善"。

朱竑:我接李老师讲的发表一点小小的看法。地理学应该搞小的东西,历史学则应搞大的东西。但是,我们发现李秀彬先生也开始关心大的东西了,这说明地理学者也可以考虑人类,乃至整个世界的发展等宏大的问题。刚才李老师的发言里面有关于地理观念的善恶,我深有体会。我们在平时研究的过程中,总是选择弱势的群体来做研究,这也许是我们本身善的一种表达。我想引出的另外一个话题是,我曾经对最近这些年的国家优秀博士论文做过索引,我们地理学总共十一二篇,与我们沾边的只有上海复旦大学中国历史地理研究所,拿了四篇,而且都是从历史口申报的,没有从地理口申报。这是很令人困惑的事情。现在许多单位都把优秀博士论文的入围作为重要的指标,我也很困惑地发现,葛剑雄教授的学生拿了两篇优秀博士论文,但是平时在检索时却很少检索到他们的文章,不知道为什么。

张伟然:他们都不在地学刊物上发表。

王铮:华东师大把自己的学生推上去。你们在座的也有校长,知道一般需要有背景的,所以"百篇"的抽样是很有问题。"百篇"评出来的肯定是好论文,但最好的论文一般是评不上的。

张伟然:他们是发表了许多的。有几个重要的评分指标,发表是其中的一项。我们那里现在正式拿到的是四篇,获得提名的是三篇。

朱竑:你是地理学出身的,现在混到历史学队伍里面,是地理学里面的历史学者、历史学里面的地理学者。我想,就这些话题你有很好的发言权,请随便讲讲。

张伟然:欲说还休。我现在好象两边都不算,地理学这边,好像有点出来了,历史学没有融进去。我感觉,地理学者一般都很聪明,但是要让人觉得有学问很难,历史学家反过来,要让人觉得没学问很难。所以确切地讲,我们这次请来的几位历史学家都是非典型的历史学家。他们与我所接触的绝大多数历史学家完全不一样。我认识的一些历史学家一个最典型的特征是不太重视科学理性,他们这几位从这个意义来讲不太像历史学家,当然也不能说是地理学家。

我现在感觉就是很难,我这个年纪刚刚学会读一点书,刚刚学会想一点问题,可是该做什么不知道,因此我还是想多听。我觉得现在的问题其实是"50后"在带领我们前进,我们可以做事,但是不知道该做什么。这次沙龙可以请"50后"多说说,他们思想已经比较成熟;"70后"、"80后"也要多说说,他们比较敏感;我这样的主要是多听,认真吸收。我觉得自己已经到了思想没有成熟、灵感也已经发挥不出来的年纪了,有一点中年危机存在。

王铮:刚才李秀彬讲到柏林墙的问题,这是冷战的产物。现在说哥本哈根的问题,哥本哈根问题提出了新的地缘政治学。我写了一篇文章,说在这方面中美的利益是一致的,后来这个文章审查了不能发,我删节了也不能发,第三次我才放在刊物里了。从历史的角度来讲,中美已经形成了对立,但是在这次气候会议上,中美两国实际上有一致的利益。所以这个问题,自然地理学家、人文地理学家应该研究。我最佩服的是王恩涌先生,在这一点上他是非常有思想的,我觉得新的地缘政治问题非常值得研究。我想抛砖引玉。

张伟然:我想回应您的话,我对现在的地理学比较深的一个感受是要在某一个地方扎进去,要让人觉得有学问,才会赢得别人的尊敬。

王铮:哪个学科都是这样的,为什么大家觉得尊重历史学?学生在高考的时候不愿意填地理,愿意填历史,因为他们上中学的时候觉得地理没有学问;我们推荐好几个学生去复旦大学历史系,他们不愿意去,为什么呢?不好找工作。这是社会在演变,我们要适应各式各样的社会形态。我们的百篇论文,就是制度腐败的典型,我们所就搞这个研究,我们所几次提上去的论文都是管教育的副所长的论文,他下台了就换别人的论文。我回答一下刚才的问题,我们与历史学家一样,作为地理学家,我们要做出学问来。我们能够给历史地理学提供一个理论吗?我提了一个,那年答辩后提出的——历史主义的地理学,结果有一个院士说,搞什么搞,什么叫历史主义的地理学?把我批了一通,结果我答辩了四次。倒过来讲,我们的反思能不能形成一个体系?同样地,我们说得多,但不管用什么方法,能不能形成一种体系?包括地缘政治学说。我们现在需要方法,需要规范。刚才朱竑老师说到数学方法的应用,常常听到用最复杂的方法算出最简单的东西。小孩开始学走路的时候很可能摔跤,但我们永远不能说我们的水平停止了。昨天陆大道先生说了一定要有数学。不用数学也蛮好的。竺可桢的文章在世界上的影响最大,但是不用数学,当然也有数学的概念,但更多的是思想的进步,而不是方法的进步。问题在于我们的学生有多少思想进步?我们中国的人文地理学几乎是没有,还不如自然地理。说自然地理不行,但是有自己的学说,我们人文地理学则没有,要有就是农村城市化的问题。不管它是对是错,我们也有一套,所以我们人文地理学找出这些东西来。在座有复旦大学的,你跟着葛先生有前途,但是你们形成了多少结论?你觉得葛剑雄提出的体系对吗?如果说中国人可耻,我觉得每一页都有错误,都有逻辑学的错误,但是形成了体系和学说。我们搞历史的人没有完全形成学说,在这上面我们是需要反省的。谢谢大家。

赵世瑜:我刚才听了几位的发言,我想继续听张伟然的发言,但是他没有说完。张伟然说了两种学科学者的不同性,我想听一下造成这种不同的机制是什么,是培养过程还是主题方法等造成的。历史学家就是有学问的,这基本上也是误解,相当于"妖魔化"历史学家,而不是一个表扬的概念。因为在我看来,历史学家也不一定都是有学问的。

张伟然:我们的标准不一样。

赵世瑜:还有另外一个问题,比如王铮教授提到的历史主义的地理学,这是一个方法性的东西,不管把思想放在前面还是把方法放在前面,希望王教授能够言简意赅地讲一讲历史主义的地理学的方法。还有李秀彬讲的也很有意思。他说他现在在做土地利用的研究,这是他的主业,但他今天的发言讲的是一种人本主义的地理学,这两个东西是怎么结合的?做土地利用研究时,如何把这样一种地理哲学或者是什么观念投射在土地利用研究中?不管是自然地理学还是经济地理学的研究,那会是什么样的感觉?

李秀彬:开一句玩笑话,现在的世界是后现代世界,特点是拼盘,做学问也可以拼盘,有大部头的著作,也有短小的文章;有主业的土地利用,也有作为副业的人文主义地理学。

蔡运龙:听了几位刚才的发言,我感到有几对概念或者说几个悖论需要讨论。

第一,"读书"还是"挣钱"?这是一个研究指向的问题。我们研究的目的是什么?世瑜教授以一种调侃的方式提出这个问题,使人联想到"圣洁"和"世俗"。其实就目前国内地理学的情况看,从积极的方面看,还可以有多种解读。例如,"兴趣科研"与"生存科研","认识世界"与"改造世界","基础研究"与"应用研究"。这就使我联想到中国知识分子的两个传统——"究天人之际"和"经世致用"。这本不矛盾,只有"究天人之际",才能"经世致用";在"经世致用"中又进一步"究天人之际",如此循环往复,推进学术发展。但现在的问题是两者之间出现了鸿沟。前者既有自身脱离实际的问题,也有得不到重视的问题;后者的问题就更大了,在"国家需求"的名义下,许多地理学单位搞了许多项目,钱不少,但是到底有多少实质性的进步?刚才世瑜教授提出这样的问题:你所做过的项目、咨询报告、规划,有多少是有效的,又有多少是无效甚至起负面作用的?这是值得考虑的问题。很多研究太过于注重那些眼前的和表面的问题,而缺乏深远的考虑,不能从根本上解决问题,在时过境迁之时还往往变成垃圾。这就需要回到"究天人之际"与"经世致用"的良性互动上来,在深究上下工夫。怎么处理这个问题？人文地理学要思考,自然地理学也要思考,在里面找到均衡或者是一致的地方。比如你接一个项目,纵向项目一般有一些深究的含量,横向项目在这些方面就弱一些,如果横向项目很多,做项目的时候要注意在里面发现一些别人没有看到的问题,提炼一些技术、一些方法、一些思想。现在我比较担心的是许多人太过于注重弄钱,弄得手忙脚乱、疲于应付,没有时间和精力去深究,以至于做出一些没有意思的东西。我参加过一些横向项目的评审,看到一套模板在不同的地方套用,甚至出现copy时连彼地的名称和数据都来不及改,就用于此地。这就不是研究。怎么样在做项目和做研究两者之间找到均衡,也可以说是方法,就是决定要做什么的问题。

第二对概念是"规范"和"自由"。规范是什么？不规范是什么？这个规范与刚才说的"自由之思想,独立之精神"是否矛盾？对规范怎么理解？比如我们写文章,参考文献的引用等规范是技术性的,那不是问题,那是经过训练就可解决的。现在说的规范,我理解是指有实质性的学问、言之有物、严谨、逻辑、自圆其说等,而不是一套该做什么不该做什么,该这样做不该那样做之类的"规矩";而自由、独立也不是散漫和无规范。

其实,关于"规范",西方地理学也有争论,不过那是指一种思维方式。规范性(normative)思维是相对于分析性(analytical)思维而言的。分析性思维主要指一种假设—演绎方法,随着新现象的发现,不断再构思新的假设;由此日积月累,建立起地理学理论和方法体系,达成真理。而规范性思维依赖于对真相的直觉和归纳,主要目标在于如何应用而不是深入发现和认识。分析性思维与还原论(reductionism)方法相联系,规范性思维则采用整体论(holistism)方法。西方地理学盛行分析性思维,中国地理学有深厚的规范性思维传统。这似乎又是一对悖论,需要在中间找到均衡。

还有一对概念,就是"从其他学科引进"与"地理学自身的创新"。刚才那位先生提到了,其他学科可能已经觉得是陈词滥调了,在地理学里面还是创新,这个倾向是有的。所以,我们要特别注意在吸收其他学科的方法和观点的时候,要吃透,不要生搬硬套。不光人文地理学里有这种情况,自然地理学也有,自然地理学里面搞的某些东西,在自己内部说是很新鲜,但是在其他学科看来就不是玩意。

还有"借鉴西方学术"与"发展本土学术"之间的关系。历史学在这方面做得比较好,因为中国历史学本土的土壤比较深厚;而中国地理学尤其是现在的地理学,如何借鉴西方的概念和方法,是一个值得深思的问题。我昨天说到西方现代的很多地理学概念和方法,有很多先进之处,思想深度很好;但是怎么结合中国的实际,应用到中国来,而且用中国的话语表达出来？这是我们需要解决的问题。

丁金宏：刚才蔡教授讲，要准确运用其他学科的经验，我很赞同；但是蔡教授昨天的报告说，戴维斯的"地貌循环理论"是受了达尔文进化论的影响，我不知道这个说法是戴维斯自己交代的还是别人或者蔡教授说的。

蔡运龙：这不是我说的，是后面有人——澳大利亚地理学家斯托达特，去剑桥大学梳理西方自然地理学思想发展时，得出的一个观点。他曾在 1966 年写了一篇题为"Darwin's Impact on Geography"的文章，论述达尔文对地理学（包括对戴维斯学说）的影响。

丁金宏：进化论最基本的观点就是"物竞天择，适者生存"，地貌循环中看不到竞争也看不到适应，怎么能把两者联系起来呢？

蔡运龙：进化论包括时间过程和演化的概念，"地貌轮回"受此思想影响。至于物竞天择，竞争的思想在地貌学里面没有体现，但是在生态学里面体现了，后来发展成为组织、结构、生态关系的概念，所以有一定的继承性。斯托达特认为进化论包括四个方面：演化思想、组织思想、竞争和选择的思想、随机或偶然的思想。我们比较熟悉的是他的"物竞天择"思想，而对其余三者较为忽视。斯托达特认为地理学者重视了前三个，而忽视了最后一个。与戴维斯"地貌轮回理论"关系最近的，是达尔文从时间角度阐发的"演化"思想。其实达尔文也受著名地质学家莱伊尔的"均变论"的影响，并观察到从岸礁、堡礁到环礁的长期演变过程，这对他形成关于生物演化的学说至关重要。戴维斯强调地形演化过程中的时间因素，以及演化在形态上有一个类似于"生物或生命循环"的主要观点，与此非常相似。戴维斯的老师谢勒是一个坚定的进化论者，戴维斯深受其影响。所以说戴维斯的理论直接或间接地受到达尔文思想和学说的影响，这不是以讹传讹。而在斯托达特看来，受生命从幼年到老年发展过程启发而提出的"地理循环"的概念和理论，只是达尔文理论在地理学上的一个初级应用而已。

丁金宏：戴维斯理论是地理学中的重要理论，它把地貌过程类比成生命过程，但是生命体不代表进化论，不能这样片面地理解进化论。

保继刚：刚才说到独立之精神，自由的思想与研究的规范不矛盾，这是指学者做研究的批判精神。但是不管什么精神，你的研究要得到好的结果，一定要有好的规范来作为约束，这是一个理解。

今年初，中大从美国请了马润潮教授来讲课，他对学科有一个评价，认为现在中国社会科学这块,社会学是水平比较高的,是与西方比较能对话的。我们今天的沙龙请了社会学方面的人,下面是否请社会学方面的人给我们一点贡献?

孟锴: 我是商务印书馆地理室的编辑。我学习社会学和人文地理学的时间都不长,谈不上有深入的认识,我的专业是城市,这是社会学与地理学交叉的领域。我在做学生的时候也情不自禁地想到这两个学科的交流问题,一直没有想清楚,但还是略有体会,所以讲出来希望各位老师给予指教。

第一点,我感觉到社会学与人文地理学之间的交流一直在进行,并且很深入。像昨天李丽梅博士和李志刚博士所做的研究,虽然出现在人文地理学的沙龙上,但假如出现在社会学的沙龙上也毫不奇怪,大家也不会觉得那是其他学科的研究。真正的交流其实是很多的。

再有一点,我博士毕业还没有几年,我做学生的时候两个学科所使用的参考书也非常接近,无论理论方面的书还是方法方面的书,许多都是一样的,因为社会科学的哲学基础与社会理论来源是一样的。从这一点看,两个学科之间的确不存在什么大的交流障碍。

另外还有一个共同之处。也许是由于某一个历史的契机,恰好社会学研究和人文地理学研究在引入中国的时候,都继承了当代西方经验主义的研究传统,我觉得这是非常宝贵的共同传统,因为对于一直处于转型过程中的中国来讲,一个扎实的经验研究对于整个社会的学术贡献是非常大的,如果一个学科不基于这样的传统,就丧失在转型过程中进行积累的机会。假如说社会学和人文地理学都还没有成熟到对有中国特色理论作出实质贡献的阶段,那么,首先在经验研究上做出比较扎实的成果,形成深厚的积累,也是一个学科非常值得庆幸的地方,这是两个学科共同的传统。

所以,在我看来,尽管两个学科都有自己的概念,有自己的言说方式,但是真正造成学科之间交流障碍的东西是没有的。昨天张景秋老师提出将空间作为一个变量是否可以作为地理学与其他学科分野的问题,我回去后一直在想,也许它还形不成与社会学之间真正的分野,因为社会学不是不能够把空间作为变量,在方法上这还不是问题;之所以没有这样做,也许是因为地理学家对于空间的精致的描述使得社会学家感到信心不足,就没有这么做。而地理学家呢?我昨天听柴老师谈到,不希望空间研究过度受其他学科的影响,他要保持地理学的纯正性。所以,是某种学科心理开放性的原因,而不是研究的范式和方法的原因,造成这两个学科是否应该进行交流还作为一个问题提出来。如果这方面能够有所突破,相信两个学科都会彼此非常受益。

地理学是强大的,之所以二三十年来空间的言说渗透了当代的文本,也彰显了地理学的强大和空间的吸引力。

我过去在商务印书馆其他部门,受地理学的吸引来到地理编辑室工作,也是一个证明。

刘卫东： 我单位有四个学生论文开题，我请了一个小时的假。本来要走了，又被周尚意教授拉回来发言。我只讲三点。

首先，我觉得今天上午大家的讨论非常有意思。我读博士的时候，是在"制度和文化转向"模式里面训练出来的，所以我看问题带有一点制度的视角。大家想，历史学家在那儿看书，或者地理学家出去挣钱，当然也有一部分地理学家在那儿静静地做学问，是什么原因造成的？很大程度上是我们的学术制度造成的！大家想过没有，打个比方，在座结了婚的，可能有三分之一的人为了忠贞的爱情，与爱人在一起。在我们学术界，有人很喜欢做学问，这辈子就爱做学问，就像为了忠贞的爱情而结婚。我们可以思考一下自己是不是因为爱学问而做学问。因为爱这个东西，才去做这个事，这是一种类型的人。但又有多少人是因为爱这个学问才做的呢？还有一些人是为了有个家才找对象结婚的。在学术界，就是要找一点事做，把做学问作为一个职业来做。爱学问而做学问，与作为职业而做学问是两码事。还有另外一部分人，是因为其他更多的原因，既不是把做学问当做职业，也不是因为爱学问而做学问。其实这是制度给我们造成的。当然，我不是说婚姻制度，而是说学术制度。整体上，我们国家的学术制度没有想到要养一批真正做学问的人，来为这个社会创造真正的学术价值和引导社会发展。到现在为止，我们国家还没有到那个地步。我觉得大家真正做学问的，是出于爱学问。我们要培养一批爱学问的人，培养一批对学问忠贞不渝的人。但是，在社会里面是非常难，大家都看到生活的艰难，怎么去找食？这是很重要的一个方面。如果你天天都是为了出去找食而奋斗的话，你还能做些什么？什么东西能给你食，你就做什么而已。这个事情是很糟糕的。中国从改革开放到现在，我特别同意保继刚教授的说法，从90年代到现在，每个学者的生活都变好了，这不是学术制度好了，而是你有许多机会出去找食了，所以你吃得胖起来了，大家想是不是这样？

第二点，与学术传统有关系的事情是学术团体的严谨性。我与经济学家谈过，他们认为谁都可以做经济学研究。这没有关系，但是，如果你不规范地按照学科要求的方法或者要求的规范程序做的话，你就不是经济学家。我们地理学不一样，地理学谁都可以做，而且只要做了就被承认是地理学家；所以，我们的学术团体本身是松散的。我不是说松散的不好，好与不好没有一个结论。但是，我们既然生活在松散的团体里面，大家就不要寄希望于非常严格的学术氛围。我曾经非常理想化，但是理想化带来的问题是能否生存。如果我们经过30年的发展让这个学术团体变成比较严谨的学术团体，那是好事；如果变不成，大家或许一样生存和存在。奇怪的是，地理学在国外也是同样的，100年来一直是松散的宽容的学术团体，什么想法、什么思维、什么做法都可以容忍，但是这个学科依然是存在的。我没有答案，没有结论，只是提供给大家讨论。大家想想，为什么？在座的各位可以想想，是不是只要做了有关空间的研究，我们就可以叫地理学家？我不知道历史学是否是这样的，我是外行。

第三点,在座发言的都是大腕,都是学有所成的大腕,但是,在座的还有很多年轻人。我很希望听他们的感想和言论,还没有机会。我建议三位主持人下面多给后面的年轻人发言的机会,听他们是怎么想的。谢谢大家。

保继刚:我们上半段最后还有一位。

陈飞:我先说一下。我是一个没有权威的人,很多人说我狂,我不是狂,我只是自信而已,如果说话的时候得罪了各位,还请包涵。另外,我还没有入门,本科刚毕业,地理我比较爱好,谈一下爱好。

我本来想谈一些问题的,为什么那么积极地举手呢?因为刘先生提到了这个问题,刘先生的课我听过,他刚才确实点到点子上了。我今天说三个问题,第一个是制度,第二个是学术团体,第三个是思路与模式。

刚才刘先生讲完以后,各位是不是很汗颜?包括99%的人都应该觉得汗颜,这是中国的学术模式的问题。中科院青藏所的一个导师给我们讲课,他是非常好的导师,一直不做行政工作,现在也在捞钱,他说原来没有出名的时候,每年五六篇SCI,现在出名了,一篇也没有了。我坐在那个地方,身边都是黄金,别人都捞,我也开始捞,中国的学术问题就是这样的。诺贝尔奖不能获得的原因是这样:一出名了就捞钱。各位钱捞够了的时候要做一下学术,对学术加以改造。

第二个是学术团体。在座有许多的校长、导师,你们想研究生学到真正的思路没有?比如自然辩证法、逻辑学这些,学生学了没有?开课了没有?你们是否觉得后继无人,手下的兵将非常少?这是一个方面。学术制度要对研究生的培养要求更严格一点。

第三个是思路与模式。前面发言的一个领导说最拿得出手的是"区域论"与"人地关系论"。"人地关系"就是人文地理学所研究的,另外一个是"区域"。我们保先生也做许多的规划,不同的地方不同的,我们现在丢了"区域论"和"人地关系论",搞一些其他虚的东西,我觉得还是不太合适。

上面是我要说的话,我的思维不够严谨,可能没说到点子上。

朱竑:感谢陈飞同学,他讲完了以后我们很汗颜,如果各位有捞钱的,回去以后改正一点;没捞钱的,回去以后去捞一点。现在的制度有问题,你要养研究生,你不能让他们一边做家教,一边做学问,这是很难的。所以,在现行的制度下,所有的学者——历史学、地理学、社会学的学者——通过努力赚一点钱。这个钱不光让自己的生活变得更好,另外一部分钱也让我们的学生能够安心做学问。这是第二个意思。

第三个，我们是从广州来的，我很欣赏北京的学生们有这么好的想法，有这样敢于与权威抗衡的睿智，我们回去以后在南粤多努力，让我们的学生向你们学习。下面我们茶歇。

保继刚： 经过短暂的充电（指茶歇）以后，让我们继续下一阶段的讨论。前面一段，我们集中对这次会议的主题"方法"的讨论。这么多年来（包括去年的会、今年的会），我和我的同行一直在思考，方法是为内容服务的，我们这些年来学术水平不高的原因，是由于方法的问题还是其他的问题？我们说方法是其中一个。最近的思考使我们发现，研究问题本身的缺失，可能是学科发展的另外一个重大问题。也就是说（我以人文地理为例），我们人文地理学在经过解放前的发展、解放后的停滞、20世纪80年代简短的复兴之后，一直在为社会主义建设服务中寻找我们的话题。而在这个过程当中，我们对研究问题的认识并没有达成一致。所以，我们今天看到许多的现象，比如在我念书的时候，我同学的博士论文可以做"中国西部开发论"、"中国三大阶梯的经济发展战略研究"，我看了以后说，你这博士论文好像是总理论文。我问写"西部开发论"的同学去过西部吗？他说没有去过。

我们的博士论文里面有教科书式的论文，比如把一个问题，生态旅游或者是区位论的发展，从开始梳理到现在；也有大百科全书式的论文；还有规划式的论文，到某个地方做调查，加上综述就变成了博士论文；还有政府工作报告式的论文、咨询报告式的论文。为了准备这个会，我请几名博士生帮忙，告诉他们先拿《地理学报》开刀，找《地理学报》中学术问题差的论文。查找之后，发现《地理学报》的水平比较高，这几类论文在其中比较难找，其他一些期刊这类论文又太多，特别是调查报告式的论文、从现状分析直接到解决措施的论文很多，总体上缺少研究问题。缺少研究问题不是我们的传统，早在1932年6月份，北京大学校长胡适先生为北大毕业生开了三个药方，第一个就是问题，他说问题是知识学问的老祖宗。波普尔说科学始于问题。这些年来，总觉得我们的许多论文没有研究问题。我问许多学生做什么博士论文的研究，他们说做城市地理，或历史地理，或文化地理，我说这不是研究问题，你回答的是研究领域，而我是问做什么问题，你做城市地理，城市地理里面的研究问题在哪里？你的问题是什么？这种研究问题的缺乏是导致我们学术贡献低、知识贡献低的一个重要原因，这个原因有许多方面，第一个是对什么是研究存在认识上的偏差。

受现实主义价值取向的影响，还有行政体制的干预，"学术问题"与"政治问题"变得模糊，也存在"学术问题商业化"和"学术经营化"的混淆，再加上外部监督的缺失，所以我们说现在是"课题意识"远大于"问题意识"。现在碰到许多人说，最近又弄了一个课题，很少有人谈最近研究什么问题。十多年前，中山大学人文地理学的一位老教师碰到我："小保，最近怎么样？捞到什么课题没有？日子过得不错吧？"他是真关心你，问你捞到什么课题没有。我们现在与十多年前比还是一样,更多地谈课题,我们说学校谁最牛,往往是从拿多少经费的角度,经费多的被认为牛,谁谁谁八千万经费,谁谁谁三千万。我们以课题多少评一个人的学术,好像学术可以在天平上用钱称。这是"课题意识",不是"问题意识"。方法是为了学术研究,现在学术问题缺失,何来好的学术成果?我的学生从加拿大进修回来,说他们也很苦恼,找不到好的学术问题,谁能找到好问题谁就可能做出好的成果。下一阶段我们是否集中到对"学术问题"的现象与本质的讨论?

齐清文:我是中科院地理所的齐清文,是搞地理信息的。我很高兴这两天有机会参加人文地理学沙龙,我的感觉是这里很热闹,而且学术思想很活跃,不存在学霸,不存在门户之见,大家的各种思想在这里碰撞交流。听了两天以后,对我启发很大。我首先打一个广告,为什么今天有机会到这儿来?是因为蔡老师主持了一个重大专项——地理学方法论的四个专题,我负责地理信息的方法论。到这个会上来也是为了吸取一些人文地理学方法的营养,所以收获很大。我想简单讲几个问题,很不好意思的是,保院长刚说从方法转到问题,我又讲方法,我尽量简短一点。通过这两天的思考和以前的研究思考,我感觉地理研究包括地理信息研究,方法是多种多样的,多层次、多目标,甚至是全目标的。我们在地理信息研究中将方法归纳为六种科学方法、七种技术方法,科学方法是物质变精神,技术方法是从精神又回到物质的平台工具;科学方法包括图形、图像思维、数学模型、信息图谱、综合集成等,技术方法有采集、检测、处理、分析、模拟、表达等。我觉得方法是多层次、多目标的,整个是一个体系。

我想讲的第二点是,我的理解,研究方法必须基于对本体特征之全面、透彻的理解,不是空对空的。如果是空对空讲方法,也是很难研究下去的。这一点也是地理信息科学的困惑。我们长期以来是作为地理学科的方法论,但是我们的研究项目大量渗透到人文地理学领域,我理解的人文地理学研究对象有这么几个特征:空间是以行政单元为基础,包括空间的变化,好处是容易规范研究,但是国家的数据小于(比例尺)1:2.5万的地图由国家控制,而大于这个比例尺的数据则由各地的测绘院负责生产和管理,我们很难买到(包括行政单元数据),这对研究很不利,很不容易获取数据,不像自然地理可以在图像上获取。从时间来讲,非常鲜活,规律性和节律性不容易把握。在我们研究时间地理学的数据模型的时候,如何把人文要素的时间要求加入到数据模型中来,是最头疼的。从属性来讲,属性项目变化特别多。这也是形成中科院地理所长期以来分成两大块的原因,一个是搞自然地理,做了国家自然地图集,形成了综合制图学派;一个是社会经济统计制图,进行国家经济地理的分析。社会经济制图因为空间的基准比较少,所以单元比较规范,但是其属性项非常多,好处是表达方法丰富多彩(大家知道,我们的专题地图表示方法在人文地理学中用的是最多的),不利的地方是数据编撰的机会大大增加了,人口数据各个乡、各个镇都有不同的口径,不像自然地图,编撰的机会就没有这么多。所以,我感觉在研究中间随意性机会比较多。还有就是,东方特有的总体性的、模糊性的、定性的研究少了,把本来定性能够说明的问题,也用定量的方法研究,这就落入了误区。

第三点,方法要适度。现在虽然讲了许多,给人的感觉是方法越新奇、越高越好,但我认为不是这样的。刚才列了六种科学方法和七种技术方法,方法的创新是因材施教,适当就行,不求最高,但求合适。比如遇到图形、图像能够直接做的,用图形、图像思维就可以;遇到结构化问题,必须用数学模型;遇到半结构化问题,就要用知识库智能方法研究了。现在还有虚拟现实方法,用真实的数据研究。去年大家说我们要用侧面看世界,我给学生讲课的时候说,到底是二维平面的地图是高层次的产品,还是虚拟现实的地图是高层次的产品?所以对方法来讲,不是新奇就好,不是为创新而创新。这两天从历史地理来看,许多实证的方法可以将问题研究清楚,比如福柯研究的解构地图学,他用图形、图像的目视解决方法,从地图的线、画里面挖掘地图本身所代表的国家疆域、区域的权力、版图以及历史的沉淀、文化的沉淀,从这里面挖掘地图的内容。只要适度即可。

陈春声:我讲三个问题。第一个问题,大家一直在讲陈寅恪先生的"独立之精神,自由之思想",其实陈先生在《清华大学王观堂先生纪念碑铭》里面是这么说的:

"士之读书治学,盖将以脱心志于俗谛之桎梏,真理因得以发扬。思想而不自由,毋宁死耳。斯古今仁圣同殉之精义,夫岂庸鄙之敢望。先生以一死见其独立自由之意志。非所论于一人之恩怨,一姓之兴亡。呜呼!树兹石于讲舍率,系哀思而不忘。表哲人之奇节,诉真宰之茫茫。来世不可知者也,先生之著述,或有时而不彰。先生之学说,或有时而可商。惟此独立之精神,自由之思想,历千万祀,与天壤而同久,共三光而永光。"

后来因为从20世纪30年代到60年代整个中国的政治变动,读书人和知识分子的命运受到外在社会政治力量的很大冲击,有关陈寅恪先生的记述,大都认为"独立之精神,自由之思想"是针对外来的政治和社会环境的压力而言的,其实你如果回到碑铭的文本里面就能理解,陈先生讲的主要是,读书人要脱俗,才能有独立的精神与自由的思想。很核心的"独立"与"自由",不仅指抗拒外在环境的干预或者压迫,更重要的,是要摆脱内心"俗"的东西对自己的束缚。到现在这个阶段,我们应该把这一点讲明白,其实"独立之精神,自由之思想"与是否遵守学术规范,是完全没有关系的。读书人对待学问的一个最基本的态度,就是我们在一起讨论做学问的方法或者问题,很重要的就是不能俗气。陈先生做人,对待与政治的关系其实是很豁达的,与后来某些人所描述的有很大不同。他那个时代,大家都在指责梁启超与政治的关系太近,他却非常理解梁启超的行为,在《读吴其昌撰梁启超传书后》中,就有这样的评论:"然则先生不能与近世政治绝缘者,实有不获已之故。此则中国之不幸,非独先生之不幸也。又何病焉?"这就是脱俗。

第二个问题,我以为到了今天的第五届沙龙这么高层次的场合,大多数的研究和讨论要从很实证的角度做,也就是今天早上刘志伟所讲的意思。他讲得躲躲藏藏,我再讲得直白一点:我认为昨天韩茂莉老师的报告很好,从自己感兴趣的角度,我当时想问三个问题:①她讲到西辽河流域聚落考古遗址的时间先后,问题是,她怎么知道这个时间比较后的遗址的居民是时间比较早的那些遗址居民的后代?如果不知道的话,要怎样才能证明有人口迁移的存在?这是一定要问的,其背后就有方法与问题了。②她见到人在该流域的某一个地方居住久了,人口越来越密,环境不行了,就要搬到另外的地方。而搬了地方,人口密度就很疏了。都在一个小流域里面迁徙,土地面积就是那么大,搬了地方,人口密度就低了,那是不是在迁移的过程了,人死了很大一部分?我看不出她的描述中包含有这样一个道理,那在逻辑上怎么讲得圆?③三个不同时期的农业耕作方式应该是不一样的。本地人种的是什么植物?耕作的方式是怎样的?例如,到清朝的时候,从南美洲引进来玉米、马铃薯等植物,农耕的方式与原来的不一样,对生态的影响也不一样,所以,我们得问,史前时代种的是什么东西,第二次农业开垦的时候种的又是什么?接着,清末到民国时种植什么?如果这三个问题都解决了,问题和方法就全在里面了。在沙龙这样的高层次学术场合,要把一个个的实证事例拿出来。不是帮中山大学辩护,我还是觉得昨天中山大学关于广州非洲裔人士的那个报告很好,有具体的事例、材料和数据出来。沙龙要尽量针对具体的案例进行讨论,如果不能从具体的个案中得到有关理论的启示,那主要不是讲者的问题,而常常是听众太笨。这就是沙龙的作用了。

第三个问题,在这样的沙龙上,有关理论与方法的讨论,不能采用一个上课讲教科书的办法,大家头脑里要有问题和方法,但要尽力防止空论,防止讲那些每个人都自以为可以插嘴的大道理(其实是废话)。大家作为一个学术共同体,要有很密集、很专门,且超越一般常识的问题意识,能够自然而然地从很具体的案例出发,讨论里面的大道理,这确实是自然形成的过程。以我们这群人来讲,大家讲我们是"华南研究"什么的,我们这群人能够在一起,很重要的是十几、二十年来,我们每个人都去做乡村调查,也指导学生的调查,我们一起到每个人的调查点去,在那里与学生一起读史料、做访问。这十多年来,我们在华南不同的地方去过几十个乡村,许多村落不是去一回,是多次去,每次待几天,白天下乡,晚上把材料拿出来讨论。帮学生做研究的过程,也就是培养共同的问题意识与方法取向的过程,这些不是在一个会议的场合,大家凭着学理、逻辑和聪明进行推导,就可以达至的。

我要讲的话讲完了。到最后终于把真心话讲出来了。

朱竑： 作为主持人，我想回应一下陈校长。我们讲学术研究"怎么扎根"，今天在茶歇期间我们还在讨论。每次来北京我都很困惑，北京的学者讲主义很多，每次来都很晕。这些年我们自己的做法一直就是"小题大做"，抓住一个能够引起你兴趣的小小现象，从现象入手了解问题，再解释问题，在剖析问题的过程中发现一些学术上的新东西。在解决问题的过程中所使用的方法，我们会尽量用合适的方式表达。从昨天到今天，我们看到探讨的"小题大做"，比如黑人社区的研究是"小题大做"，厦门大学的郑教授也是"小题大做"。抓住小小的区域，长期地扎根追踪，精心认真地研究我们的对象，这本身就是我们所强调的研究方法，也是最好的方法。这是我想表达的第一点。

第二点，在"怎么扎根"的过程中，南方许多是"小题大做"，但北方的中科院、北京大学走的是另外一条路子。像昨天的刘教授做中国乡村的研究，从西到东，做了几百个点，相互比较，本身就有问题体现出来。还有北京大学王教授的产业集群研究，全国凡是有集群的地方都跑到，通过对它们内部本身的分析，相互比较，发现新问题，这也是非常好的发现学术问题的方法。所以，刚才陈春声教授的发言我很认同，我们自己这些年所做的研究，我的办法是与学生共同寻找博士论文的话题，我总是强调，应该关注身边能引起你兴趣的生动的现象。我们慢慢找、慢慢地蹲点研究，总是可以发现一些有趣的话题。所以，我想强调的是，学术的问题首先要静下心来长期追踪研究，才会有好的发现。

董力三： 我是长沙理工大学的董力三，我发言的题目是"中国地理学：社会影响与学科发展的二元现象"，一共是四个方面的内容：1. "地理"已成为一种社会现象，深刻影响普通民众。2. 地理学发展滞后于"地理"的社会影响。有两个要点：第一，地理学学术著作和高校地理教材的种类和数量在减少，给地理学的发展带来许多隐忧。这种现象可能导致两个后果，一个结果是影响地理学在整个科学体系里面的地位，削弱地理学科在科学理论中的影响力；另一个结果是影响政府、国家对学科的重视。我认为，地理学学术著作的现状基本上反映了地理学学科的现状。第二，地理教育出现断层，大学地理专业招的是理科生，而理科生在中学里面学的地理知识很少。这个断层会产生什么样的影响？它导致大学阶段的学生，尤其在大一、大二阶段，主要是复习中学的东西，这种断层将延长地理学科人才培养的周期。3. 二元现象：认同的差异。4. 消除二元：破解地理学发展的障碍。我认为地理学发展存在三个主要障碍，第一个障碍是核心概念模糊和边缘触角泛滥。中国的地理学有没有核心概念？林超先生曾于1981年提出区域概念是地理学的基本观点，区域地理是地理学的核心；吴传钧先生也曾提出人地关系地域系统是地理学特别是人文地理学理论的研究核心。但似乎没有定论。核心概念不确定，地理学的知识触角就如同脱缰野马，不断向周边学科延伸，由此出现了两种极端：地理学的研究领域或越来越专，或越来越泛。核心内容模糊、边缘触角泛滥造成的社会现象是,地理知识的范围不断放大,误导民众对地理学科的正确理解。第二个障碍是基础理论研究薄弱。首先,学科基础理论体系方面,学科性质、研究对象、学科特点等有的没有定论,有的还在探讨。其次,基础理论研究的另一薄弱环节是应用成果未能转化为理论成果,研究进程总停留在经验总结阶段,不善于将特殊升华到一般,缺乏哲学的思辨。没有或者不能将大量单个地理要素、不同地理过程的研究,进行抽象的、本质的概括。先进方法和先进手段的运用,只能是经验地理学向科学地理学转化,却难以达到哲学地理学的高度。第三个是宏观尺度与微观尺度的界定迷茫。吴传钧先生说:"地理学就是研究'地'的'理'。这里的'地'就是地球表层,'理'就是地球表层中发生的宏观尺度的现象、过程、机制和变化规律等。""宏观"之于地理学,是一个极为重要的概念,近些年来,我国地理学研究的微观化越来越明显,研究尺度深入到分子及元素水平的变化,微观化已成为中国地理学尤其是自然地理学研究的特征。微观尺度能否达到分子范围,值得商榷。

薛德升: 在前一阶段结束的时候,我已经向周尚意教授请示过发言,她说要茶歇了,就没有给机会。我们人文地理学五届沙龙都在不停地讨论人文地理学的理论与方法,我们也不断地试图向其他学科借鉴理论与方法,但我们不能就理论与方法谈理论与方法,需要有一个合适的研究对象。例如向历史学借鉴方法,我们不能说两个专业各用什么方法,否则就把两个专业的教科书摆出来,对比一下各自方法的不同就可以了。昨天早上四个报告全部以"聚落"为研究对象,不同学科的学者(三位历史学者和一位历史地理学者)展示了自己对"聚落"的不同研究,其中选择什么作为研究的侧重点,使用了什么样的方法,得出了什么样的结论,都非常清晰,也具有可比性和启发性,可以看到在研究同样一个小主题的基础上,大家在使用什么方法,发现了什么问题。这是一个比较好的沙龙讨论的形式和案例。

刘彦随: 首先,在方法上本不存在界线严格的自然地理学的方法与人文地理学的方法。方法应该是有主体对象的,在研究具体区域和学术问题的时候,首先需要做好多方法的集成和融合,而不是固守已有的某一种方法或杜撰方法,这是我的一个观点。

关于实证研究的问题,地理学本身是一门本土学科,我们这次沙龙与以前最大的不同是突出了中国化。在地理学者当中,我也算是一个中老年学者,从事地理学的学习与研究有20多年了。我感觉现在大量的项目在搞实证研究,但许多实证似乎被异化了,现在有学者下去做工作时有些像记者,访谈、问卷、收集资料回来就开始写报告,成果几乎是一个采访报告。现在博士生招生人数比较多,青年专业人才培养要强化实证环节:第一,要深入到地区实习。我们的许多经验还是从书本上来的,要去学习,包括向老师请教;而像我们搞农业地理与乡村发展研究的,更应该向农民学习,甚至向村干部请教,因为他们讲现实问题更透彻。

第二，要实地考察，自己动手、动脑、仔细观察，力争获得第一手资料。第三，还要重视实测和验证。现在遥感信息获取、技术支持非常方便，包括GPS技术应用都很成熟了。我昨天报告中讲到"新农村建设的地理学研究"，那是2006年上的国家自然科学基金重点项目的部分成果。去年年底该项目研究有了一个飞跃。去年，我们项目组利用差分GPS实地调测了山东西部农区的村庄空心化土地利用状况，去年11月份，我们课题组向院里做了汇报。当院领导向温总理汇报时，讲到我院地理资源所的学者实测了，我们农村空心化问题很严重，潜力在30%—40%,总理当时就插话：是这样的吗？那我要去看看。这样就引发了一项中科院知识创新重大项目课题的立项，取得了更多的新进展。所以我想，如果前面不去实测，不深入挖掘问题的实际，就不会有后来的进展。事实上，空心化问题不是我最早提出的，2001年的时候已经有学者提出了。但是，在经过了十多年的发展之后，现在不光是过去的聚落空心化，还有农村产业的空心化、基础设施的空心化都出现了。所以，我们提出来今天的空心化不是聚落的空心化，不是村庄的空心化，而是乡村地域系统的退化，这是更具有隐患的复杂问题。

刚才主持人提出供讨论的"学术问题"，我自己感觉学术问题是科研创新的灵魂，但在实践当中要注重做好"问题学术"，特别是中国地域问题、区域问题、城乡问题太多了，"问题学术"意识更重要。我们这几年重点抓了几个地方：一个地方是我的老家陕北榆林市，围绕土地资源开发与区域协调发展做了十多年的工作。有什么结果呢？问题学术又是如何？因为在区位上，这里地处资源富集但生态脆弱、乡村贫困的农牧交错区，二十多年来，"有水快流式"的资源大开发带来了一系列问题，主要有三：一是生态弱势强显化；二是恶性循环圈；三是富区不富民。围绕区域问题的学术探索与实证研究更具针对性和可操作性，2005年，成果获得陕西省科技进步一等奖。另一个是我们2004年开始的海南土地资源开发利用研究。海南经过几次大开发，在经济转型发展中，土地怎么开发才具有可持续性呢？我们是针对海南作为我国唯一热带省份和最大的经济特区来进行功能定位与战略思考的，利用五年多的时间，研制了面向情景的土地利用系统评估与优化决策技术系统，这项成果今年获得海南省科技进步一等奖。对于如何抓好区域、抓准问题，我个人觉得，如果在一个典型地区能够蹲下来、扎进去做五年以上的工作，就有可能成为一个"土"专家，因为政府四年一换届，新领导上任首先希望找问题、抓关键，若有一支队伍对当地区域有持续的研究和产出，就会被地方领导重视和认可，以后也许就成为朋友，项目任务自然也就来了。当然，做好一项研究得有一个好的团队，充分发挥大家的创造性很重要。

最后用一句话来小结，地理学这门本土学科需要扎实和坚持，只有扎进去，深度挖掘学科精髓，才能找到一些亮点；否则，精华的东西可能永远埋在沙子里。

马继刚：我是北师大地理学与遥感科学学院09级博士生马继刚，这一单元的主题是"问题意识"与"课题意识"，刚才主持人提出了，也与我之前的想法切合。"问题意识"与"课题意识"我认为归根到底是"方法论"与"方法"的问题。经过这段时间的讨论，大家都在说"方法"，还没有涉及"方法论"的问题。"方法论"和"方法"是不同的概念，在英文当中是不同的词汇(methodology, method)。"方法论"是思考和思维的方法，如笛卡尔著名的哲学论著《方法论》中提出的思考和思维的方法；而"方法"更多是侧重做事的方法，或者是分析问题的方法。借助"方法论"的指引，我们才有可能把学术变为事业来做，如果仅仅掌握了一些"方法"，我们很可能只把学术变成职业来做。所以，"方法论"表现为做学问，做真正的学问，要长期地坐冷板凳才能实现；而"方法"更多地表现为做横向课题，为社会服务，也就是刚才提到的专家们去拉课题、改善生活的层面。做横向课题是运用"方法"的一种实践，并非是以做学问为主要目的，其主要目的是改善生活。还有，"方法论"从学科层面来说，应该是学科自身的、独特的东西，而"方法"可以是各个学科共享的，比如人文地理学可以借鉴其他学科，如历史学、社会学的"方法"来研究问题，可以直接拿来用，也可以拿来后加以改进。在"问题意识"与"课题意识"的对比下，目前，人文地理学缺乏的是"问题意识"，而不缺"课题意识"，其原因是：我们缺乏对"方法论"的学术研究和思考，而把大量的时间和精力放在了为社会服务的课题研究上，我们学者团体必须要对"方法论"有更深入的思考才能让学科长足发展，而不能只停留在"方法"层面上，"方法"这方面是不缺的。总之，"方法"无助于"问题意识"的培养，只是有助于课题的解决；"方法论"才有助于"问题意识"的培养。我的发言到此结束。

王缉慈：我觉得有四点，一个是脱俗，另一个是小题大做，第三个是学习，还有一个是兴趣。这些我都有体会。我最近想到一个题目，而且正在做，这个题目完全脱离了课题，因为我现在已经没有课题了。我做的课题今年已经结题了，但是我还有兴趣，我写了一篇英文论文"Instrument Industry Clusters in China: From Manufacturing 'Music' to Playing Music"，就这个课题我准备1月份与一个台湾教授去浙江调研。世界的乐器产业全部转移到中国了，而中国的小号、圆号、大量的管乐器现在集聚在天津的静海，钢琴在浙江的德清洛舍镇与萧山，尤其是德清有几十家钢琴企业，还有小提琴，聚集在北京的平谷东高村镇，还有江苏泰兴溪桥镇。这样的情况非常有意思，从放下锄头拿起小提琴，放下锄头弹钢琴，到最后他们变成开音乐会，最后变成搞旅游，这个现象是世界上绝无仅有的，只有中国才能做到。60周年庆典的时候，我想，这么多的各式各样颜色的衣服，四块大的LED显示屏，如果没有中国制造30年的历史，哪个国家也不可能有。所以这就是一个兴趣，我有这么一个兴趣，我喜欢拉手风琴，给北大本科生上课时第一堂课就让学生在全国找哪儿有什么乐器，学生全部给我找出来了,而且没有人做这个研究。台湾教授就发现,这个是非常好的题目,世界上肯定感兴趣。所以我们研究从制造"音乐"到表演音乐,而且我最近去台湾看了台中县后里乡的萨克斯乐器企业,他们有三四十家,台湾工研院支持他们,成立了萨克斯协会,从Saxphone 到 Saxhome,而且他们与中国大陆竞争,他们搞高端的,我们搞低端的。有一个企业家对我们说,很多年前我做OEM,一个星期只睡30个小时,现在谁给我订单的时候,我就说你给我多少时间研发?只要你可以承担研发的时间,我就接受订单。他就开始做高端了,这样的研究是没有经费支持的。昨天我对刘卫东说,现在在做这个研究,他说你有经费支持吗?我说没有。台湾教授也没有经费支持,我们俩现在一块儿带学生,准备1月份去调研了。还有一个是学习。我这次去台中参观了萨克斯工厂,我就了解了需要多少零部件,这些零部件在哪儿,这个模具是否中国大陆生产的。因为要不断变换品种,所以模具是当地生产。我问:你的零部件在哪儿?离这多远?了解到在台中的许多地方都有工厂在生产萨克斯的零部件。你要不去了解,不向内行的人学习就不行。刚才彦随说向农民学习,我说需要向工人学习。机器有多少个零部件?每个零部件是怎么回事?这都要学习。

张景秋:今天我们为什么在这里谈"方法"与"问题"?我先声明仅针对人文地理学而言,并不是说人文地理学没有"方法",或者是没有找到"研究问题",而是因为人文地理学发展太迅速了,特别是人的个性彰显带来的人地关系、空间特质和地方的研究,已经让我们难以承受它了,所以说不是人文地理学出现了停滞,而是发展到一定程度以后我们开始反思了;第二,我们为什么会处于"问题"与"方法"的困境呢?就像刚才陈教授所说的,我们为什么不再往下追问一个为什么呢?我个人认为,我们现在陷入了为方法而方法、为模型而模型的困境中,大家都去学数学模型,都去做数学模型,就没有精力再往下追问了,因为人的精力有限。

所以,第一是人文地理学发展太迅猛,第二是精力分配问题。第三,我想说的是,方法不止有数学模型,作为人文地理学来讲,理论模式和解释范式也是很好的研究方法,包括借鉴社会学、历史学等各个学派的方法;如果我们在进行以人为主体的人文地理学研究时,能够跳出数学模型的束缚,将更多精力关注解释范式与理论模式的创新,是否对人文地理学的发展帮助更大一些呢?

赵耀龙:我的背景很特殊,我之前是学工学的,在武汉测绘科技大学学习GIS工学,之后拿了理学(地理学)的博士学位。许多人说这样很好啊,理工结合,但这样也非常让人感觉困惑。在GIS领域,人家问我做什么研究?我说是做地理模拟的,好像更侧重于人文(城市)地理学,我现在对人文地理学确实比较感兴趣,所以,今天来参加这个沙龙。我没有受过系统的人文地理学培训,也不能说是做人文地理学研究的,我应该还是侧重于做 GIS 研究。

刚才张(景秋)老师讲,现在大家的研究陷入了为模型而模型、为方法而方法的问题;两年前我在中山大学做一个学术报告时,朱竑教授问我一个问题,说你们做 GIS 用这样的方法、那样的方法,我们感觉用不上,结合不起来;前几天有幸和周尚意教授探讨人文地理学中 GIS 的应用问题,她交给我一个任务,让我多想想如何在人文地理学研究中应用好 GIS。所以,这一段时间我一直在思考人文地理学和 GIS 如何结合的问题。从理工结合的角度,能不能考虑就把 GIS 作为一个人文地理学研究的实验室,用 GIS 协助理解空间过程和机制,这样就不会陷入为方法而方法、为模型而模型的怪圈了,同时也有利于 GIS 的发展。去年的沙龙上,曾经有一位自然地理学家指出人文地理学缺少科学性,因为科学性本身要求有可重复性和可验证性,比如城市地理研究,把城市推翻重新建一次进行实验,这是不可能的。如果应用 GIS 的模拟方法来重新构建城市的动态模型,就可以实现了。

刘志高: 耀龙说的这个问题很普遍,不仅反映在中国,也反映在国际上,这个问题困扰我很久。我上大学受的是经济学训练,在硕士期间受到王缉慈老师的影响开始着手研究产业集群,并开始接受地理学的熏陶。我到德国读博士的时候,导师 Eike. W. Schamp 教授虽取得的是经济学博士学位,但一直主要在从事经济地理学领域的研究工作,我有时和他开玩笑,说他是地理学领域的经济学家,他自己也很认可这个说法。反过来,我们看看国际人文地理学,特别是经济地理学在 80 年代以来的发展,我们就可以知道,经济地理学不断地受到其他学科的影响,出现了所谓的"文化"、"制度"、"关系",也包括我现在所从事的"演化"的转向。但是我们必须明白,这个转向始终是有一个主轴的,那就是经济地理学试图回到真实的世界里去认识经济地理,试图脱离实证主义盛行以来的冷冰冰的模型、计量研究,回到从真实的人、真实的世界出发去研究经济活动的空间规律,这就是所谓的"contextualizing economic geography"。因此,我们应该知道,现在出现的各项五光十色的转向和新的范式,仅仅是不同的角度,如制度的、关系的、历史的、演化的角度,来 contextualize 我们的研究对象。从这个角度来说,无论经济地理学怎么转,经济地理学家并没有失去打狗棒,并没有失去自己的主轴——就是去真实的世界解释经济活动的空间规律。

第二个问题是"研究问题"和"研究方法"的问题。我以为发现"研究问题"无非有两个方式:第一就是如陆先生、王老师以及 Allen Scott 他们那样,从现实的观察出发,发现一些用现有理论难以解释阐述的,或者有悖于现有理论的新奇的问题,然后,不局限于各家各派已有套路而自成体系。另外一种是从某家某学派出发,通过阅读文献,发现某些理论空白点,然后通过调研和观察回到本学派的理论困惑,我所熟悉的 Ron Martin、Ron Boschma,包括我的德国导师都属于这类研究套路的学者。当然,需要强调的是,很难清晰地区别这两类做法的学者,他们往往会在某些方面相遇。我以为,我们青年科技工作者,由于人生阅历和理论功底有限,可以从后面的方式切入学术研究。这里,我需要特别说明的是,我们不应该害怕谈什么"主义",应该害怕的是滥用"主义"。这就是说,一定的"主义"必须有一套严格的方法论做支撑。这里的方法论是指将抽象的理论概念转变成为可以操作的研究工具,包括具体的研究概念和具体的研究方法。我个人是做"演化"的,但是我害怕的是演化研究热了以后,出现"泛化的"演化研究,做成"伪演化"或者是"假演化"。在这当中,如何在实证研究中贯彻历史的、演化的思想,是一个重要的方法论问题。

王士君: 我谈一个问题,也是呼应一下以陈校长和朱校长为首的华南帮。作为东北人我有同感,我们可以将地理学的研究分为"国学"与"村学",研究地方问题,如研究东北问题、华南问题,多多少少感觉拿到全国有一定的难度,报奖或者是发文章都不容易,像王老师研究的全国层面的问题,是地理里面的"国学",出成果比较容易。另外还有其他的原因,这个不谈了。

我的第一个问题,是希望大家重视我们的"村学",这还是很需要研究的。

第二个问题,我想谈谈我对经济学、社会学、历史学与地理学关系的看法,这也是开沙龙把大家请过来的初衷。我的一个想法是感谢经济学、历史学、社会学成就了我们地理学,为什么这么说?一个地理人的知识结构或者是学科专业,一定要有历史学的知识面,要学习社会学、经济学,刚才历史学的老师也说了,历史在我们看来是最有学问的。有历史才深邃,有社会学显得博大,有经济学很时尚,我们的富裕是建立在你们的基础上。

陈春声: 去年的沙龙有"狗论",今年有"国学"与"村学"论。

李丽梅: 我在美国布朗大学做博士后的时候有很深的感触,他们建立了一个研究中心:"社会科学的空间结构",在那个地方社会学与地理学的人很多,他们培育社会学的研究生,不仅统计方法学很多,也要求掌握 SPSS、STATA 还有 SAS 应用软件;另外一个是 GIS 的应用,他们非常重视,他们用地理学的方法比我们自己用得还好,他们还开发了许多软件,比如伊利诺伊大学香槟分校的一个教授 Luc Anselin(目前在亚利桑那州立大学任教)开发了一个软件 Geoda,把地理信息与统计技术结合在一起进行空间分析,可供公众免费使用。他们的统计方法很完善,有一个很重要的基础,就是数据库的建立,复杂的分析方法对数据的要求很高。他们做很基础的工作,把美国历史上的人口数据与 GIS 结合在一起,几百年过去以后,保密的必要性不存在了,所以把一家一户的信息落在具体的地图上。他们把这些建立起来以后,不管是历史学者还是其他的学者,有什么研究兴趣都可以在这种扎实的数据库的基础上进行分析。所以我的想法是,国内的地理学或者是社会学应该做这些基础数据库的构建,方便学者和学生进行研究。

吴殿廷:"高瞻远瞩遥感者,博大精深地理人"是我们学院现在的对外宣传口号,其实这个口号一开始不是这个样子的。2003年在我做学院党委书记时,从周尚意和赵世瑜夫妇的专业上得到启发,为了对外宣传,提出"高瞻远瞩史学者,博大精深地理人"。后来学院改名字为"地理学与遥感科学学院",我们的口号就改成了现在的样子。

在我看来,"史""地"是不分家的,叫太极生两仪,两仪生四象。科学就是一个"道",分成各个学科是因为我们认识的局限性,不得不分。从不同的学科背景看,实际上我们都是客观世界的研究者,客观世界本身是不分这个学科、那个学科的,所以,简单地把谁看成地理学家或历史学家不重要。哪些角度是历史思维,哪些角度是地理思维,这个也不重要,其他学科也有"时空"的概念,只是侧重点不一样。从这个角度来说,我们没有必要把自己局限在地理学或历史学领域。

其次,也不必为历史学、地理学的高雅与庸俗计较。如果我是事业型的,我高雅一点也可以,清贫一点也可以,能够生存下去也行,生存不下去死而后已也无所谓,个人的兴趣和志向是主要的;如果我是职业型的,把科学研究作为谋生的手段,那也不丢人,只要不违背良心和科学道德就行。基于此,我不认为历史工作者和地理工作者有高雅与庸俗之分。

陈春声:现在没有清贫的问题,而是诱惑你到什么程度。

李志刚:刚才听到大家讲这些东西,我就想我们到底在做什么,我们这个沙龙的目的到底是什么?比如有没有社会学、历史学也开一个会,也讲什么历史学思想在人文社会科学中的应用,或者社会学思想在人文社会科学中的应用,等等。我的感受是地理学是一门很不甘心的学科,也是一门充满欲望的学科,所以我们才在这里做这样的事情。不过,这也不是什么坏事,我们的这种不甘心和欲望非常有利于我们本学科的发展。我把它看成两个方面:一个方面是向其他的学科讲我们的思想,讲清楚我们不只是吃饱了饭、拿够了钱,也不只是为政府提供咨询而已,我们还有我们理论上的说法、科学上的贡献。第二方面,我们的欲望是不仅要在国内有影响,而且要在国际上进行对话和交流沟通,所谓"科学无国界"。这就回到前面关于"问题"的话题。无论是学科的对话还是国内、国外的对话,都是围绕好的"研究问题"才能展开,而问题无非两种,一种是不能对话的问题,一种是可以对话的问题。我们手上也许有些无法对话的问题,但也有很多问题比较容易对话一些。因此,作为一个有欲望的学科,有对话要求的学科,我们寻找的应该是如何把"不能对话的问题"转化为"能够对话的问题"。我碰到国外的学者经常会问他们,你为什么要研究中国,你研究中国是为什么?像丽梅的导师 Logan 教授给过一个最好的答案,他说"因为研究中国可以回答研究美国回答不了的问题"。

周尚意:感谢主持人给我特权,我作为这次沙龙的倡议者之一本不应该占大家太多的时间,应该倾听大家的发言。我在这里想要强调的是沙龙的学术讨论氛围。昨天晚上我收到旁听沙龙的学生发给我的很长的邮件,他们强调听到了许多新知识,例如环境变迁、村落等;而我回答他们,学生来旁听沙龙讨论,关键是要听学术争论,听学者之间对所讨论议题的不同观点,而不是来这里听课。从讨论的氛围上看,今天上午的发言应该比昨天的发言更为有意义。

本次沙龙的目的是讨论不同学科在思维方法上的互相借鉴。从一天半的讨论中,我们也确实看到,在这种交流过程中,各个学科彼此有一个学习的过程,尤其是多位学者用自己切身的研究体会,介绍了他们在研究中对地理学思维的运用。我总结了各位的发言,我发现其他学科将地理学的思维方法大致分为三个方面:

第一,把地理作为一种表达形式。昨天有位地理学者指出:"历史学家在主题发言中使用了大量的地图,而地理学家为什么不用地图?"地图是地理学自身的语言,这点毋庸置疑。

第二,把地理与空间作为研究的对象或者单元。比如社区、地方、区域和国家都是地理单元,只要研究到这些地理单元,就是地理研究了,或者说用到地理学思维了,也因此,很多研究就属于地理研究了。例如有学者认为"中国城市化"就是一个地理问题,因为中国具有其特殊性,中国的城市化与其他国家的城市化不同,所以,这是一个地理学的问题。经济学家在这个问题上就与地理学家有共同的研究交集,这是一种对地理学思维方法的理解。

第三,把空间当做一个研究视角。我认为这样的研究视角也可以拆成两个方面:其一是平面空间的关系问题。我昨天呼应郑振满教授主题发言的"空间尺度"问题,即小空间和大空间的尺度转换关系问题。其二是纵向的空间关系。例如,刘志伟教授昨天的主题报告中所谈的自然地理背景与其上的人文空间的关系,还有经济学者路江涌所谈的贸易与世界经济背景之间的关系,就是纵向叠加的关系。这两个例子都是将空间作为一个研究的视角。

刚才北师大的梁进社教授提到了"距离"的问题,除了平面尺度的关系、纵向空间的关系之外,是否还有"距离"可以作为一个独立的地理学分析视角?我认为这三个研究视角绝对就是地理学的思维视角,别的学科要拿走这样的分析视角是拿不走的。如果只是以地图表达作为地理学思维,还不是地理思维的全部,甚至不是真正的地理学思维内核。

最后我引用今年中国地理学会 100 周年庆典上国际地理联合会(IGU)主席阿伯勒教授(R. F. Abler)说的话作为结束语:"我们看到地理学非常繁荣,并且向其他学科渗透,但是我们还要守住地理学之核。"我再引用法国地理学会副主席福赫图伊教授(Jean-Claude Fortuit)在同一场合的讲演中所说的话:"理解地理世界要多把钥匙,其中有一把钥匙是历史。"

朱竑:我说半句话。我喜欢历史学,喜欢经济学,但是我更喜欢地理学。第二句话响应一下,在敬仰"国学"的大背景下,坚持走"村学"的道路。

保继刚:在越来越像论坛的时候,越来越像沙龙的时候,我们的时间已经到 12 点了,我谈一点感想。

这些年的五届沙龙之所以吸引我们一批忠实的沙龙者(沙虫),是因为这批人从原来的"二维"跳到了"三维",看到了我们这个学科原来在"二维"看不到的一些弊端,看到她的不足,看到她的不甘心,看到我们的欲望;所以,这些年我们在做些什么东西呢?我们在斗争的是"认识世界"和"改造世界"哪个更重要! 一些学者说改造世界很重要,一批学者认为认识世界很重要,我们这几年斗争的是这些东西。这些东西的背后,是一批学者不甘心仅仅改造世界,不甘心仅仅是课题,不甘心仅仅是规划实践;因为我们知道,如果只是规划实践,国土规划的时候国土热、农业区划的时候农业区划热,等这些热潮过去以后,留下来的,将是裸泳者。这样地不甘心,所以我们在这里斗争。不是人文地理学没有方法,不是人文地理学今年活不下去了在这里呼吁,而是因为这帮人想活得精神层面更好,而集聚在这里。最后请赵教授作最后的陈述。

赵世瑜:听起来像答辩。作为一个沙龙,也不需要最后的总结或者是概括,而且刚才听了许多激动人心和振奋人心的话,都是很严肃的话题,到我这儿说一点轻松的话题,暴露一点家庭矛盾。

一般从我们家门口路过的人,往往会听到我们两口在吵架。我们吵的一般不是家庭琐事,通常都是两个学科的学术问题,最后的结果常常是不欢而散。当然,我们还没有散,但的确是不欢。我们争论的基本上是两个问题,可以呼应今天沙龙的主题:一个问题是周尚意教授经常会讲有各式各样"主义"的地理学。大家比我听得多,不知道大家是什么感想,我是不堪忍受,我相信她的学生也一定深受其苦。当然,我们需要知道一点这些"主义",但是问题在于哪个"主义"都不是中国的地理学家发明的,而是从外面拿过来的,我们自己该怎么样使用?该在什么样的国情基础上判断?这个问题很大。我想,总是应该有一个基本的态度,从我个人来讲,我的态度是"先入"而不为"主"。这些方法论或者主义都可以了解一些,不了解也不对,但是我们更应该关注怎么样做大量具体的调查。像刚才王老师说的乐器调查等,是非常有意思的,与我们的思路也一样。

第二个问题,究竟什么是人文地理学的基本问题?我们每一个学科或者是学科分支,不管是什么原因造成的,可能存在许多不合理,但是我们靠这个饭碗生活,这是没有办法的。周尚意刚才讲了许多,我同意的有一个,就是所谓的"核"的问题,这个"核"是一个基本的问题,要思考有哪些"核"的问题需要我们去梳理。

也就是说,实际上是要保证一个所谓的学科本位。在这样的学科本位基础上,所有的方法都是为回答基本问题而服务的。就这点来说,我也有一个基本的态度,我个人的看法不一定正确,那就是:有边界的学科,没有边界的方法。这就是我想说的。谢谢大家。

第五届人文地理学沙龙
参加人员名单

（不含未正式报名者，按姓氏汉语拼音音序排列）

保继刚	中山大学地理科学与规划学院	教授
蔡运龙	北京大学城市与环境学院	教授
柴彦威	北京大学城市与环境学院	教授
陈春声	中山大学历史学院	教授
陈 飞	首都师范大学	研究生
陈晓亮	中山大学	研究生
戴俊骋	北京师范大学	研究生
戴特奇	北京师范大学地理学与遥感科学学院	讲师
丁金宏	华东师范大学人口研究所	教授
董力三	长沙理工大学资源环境系	教授
杜姗姗	中科院地理科学与资源研究所	研究生
冯 健	北京大学城市与环境学院	副教授
付旭东	河南大学环境与规划学院	副教授
高松凡	《地理研究》编辑部	编审
韩茂莉	北京大学城市与环境学院	教授
韩 震	北京师范大学	教授
何书金	《地理学报》(中、英文版)编辑部	编审
贺灿飞	北京大学城市与环境学院	教授
侯懿珊	北京师范大学	研究生
胡望舒	北京大学	研究生
黄 茜	北京师范大学	研究生
蒋 巍	北京师范大学	研究生
李飞飞	北京师范大学	本科生
李丽梅	华东师范大学社会学系	讲师
李 貌	北京师范大学	研究生

李　平	商务印书馆	编审
李秀彬	中科院地理科学与资源研究所	教授
李秀文	北京师范大学	研究生
李志刚	中山大学地理科学与规划学院	副教授
梁进社	北京师范大学地理学与遥感科学学院	教授
林钰源	北京师范大学	本科生
刘　苏	北京师范大学	研究生
刘卫东	中科院地理科学与资源研究所	研究员
刘文新	中国科学院东北地理与农业生态研究所	研究生
刘彦随	中科院地理科学与资源研究所	研究员
刘志高	中科院地理所区域可持续发展模拟分析实验室	助理研究员
刘志林	清华大学公共管理学院	讲师
刘志伟	中山大学历史学院	教授
陆大道	中国地理学会，中科院地理所	院士　研究员
路江涌	北京大学光华管理学院	副教授
马继刚	北京师范大学	研究生
马　静	北京大学	研究生
马　丽	中科院地理科学与资源研究所	助理研究员
孟　锴	商务印书馆	编辑
齐清文	中科院地理科学与资源研究所	研究员
秦明周	河南大学环境与规划学院	教授
邱维理	北京师范大学地理学与遥感科学学院	副教授
阙维民	北京大学城市与环境学院	教授
沈　越	北京师范大学经济与工商管理学院	教授
司振中	北京师范大学	研究生
孙　琦	北京师范大学	本科生
塔　娜	北京师范大学	研究生
唐晓峰	北京大学城市与环境学院	教授
田文祝	商务印书馆	编审
童　昕	北京大学城市与环境学院	副教授
王　辉	首都师范大学	研究生
王缉慈	北京大学城市与环境学院	教授

王　娟	北京师范大学	研究生
王开泳	中科院地理科学与资源研究所	博士后
王　荣	北京师范大学	研究生
王士君	东北师范大学城市与环境科学学院	教授
王　铮	中科院政策与管理研究所	教授
韦智超	中科院地理科学与资源研究所	研究生
蔚东英	北京师范大学地理学与遥感科学学院	讲师
吴殿廷	北京师范大学地理学与遥感科学学院	教授
吴莉萍	北京师范大学	研究生
熊跃根	北京大学社会学系	副教授
修春亮	东北师范大学城市与环境科学学院	教授
薛德升	中山大学地理科学与规划学院	教授
颜廷真	商务印书馆	副编审
杨胜天	北京师范大学地理学与遥感科学学院	教授
叶　超	北京大学城市与环境学院	博士后
尹贻梅	中科院地理科学与资源研究所	博士后
袁　洋	北京师范大学	研究生
张宝秀	北京联合大学应用文理学院	教授
张光英	北京大学	访问学者
张国友	中国地理学会，中科院地理所	研究员
张　华	北京师范大学地理学与遥感科学学院	讲师
张景秋	北京联合大学应用文理学院	副教授
张平宇	中科院东北地理与农业生态研究所	研究员
张瑞红	北京师范大学	研究生　沙龙总协调员
张少伟	北京师范大学	研究生
张　伟	北京师范大学	研究生
张伟然	复旦大学中国历史地理研究中心	教授
张雪娇	北京师范大学	研究生
张　艳	北京大学	研究生
张永峰	中科院地理科学与资源研究所	研究生
赵娟娟	北京师范大学	本科生
赵世瑜	北京大学历史学院	教授

赵耀龙	华南师范大学地理科学学院	副教授
赵　莹	北京大学	研究生
郑利娟	北京师范大学	本科生
郑振满	厦门大学历史学院	教授
周彬学	北京师范大学	研究生
周尚意	北京师范大学地理学与遥感科学学院	教授
朱　竑	华南师范大学	教授
朱　青	北京师范大学地理学与遥感科学学院	副教授